Kristina Maroldt

Ein Jahr in Südafrika

Kristina Maroldt

Ein Jahr
in Südafrika

Reise in den Alltag

FREIBURG · BASEL · WIEN

Originalausgabe

© Verlag Herder GmbH, Freiburg im Breisgau 2011
Alle Rechte vorbehalten
www.herder.de

Satz: Dtp-Satzservice Peter Huber, Freiburg
Herstellung: CPI Moravia Books, Pohorelice

Printed in Czech Republic

ISBN 978-3-451-06143-1

„Differences are not intended to separate, to alienate.
We are different precisely
in order to realize our need of one another."

DESMOND TUTU

Inhalt

Packen I

ICH SASS IN DER WOHNUNG und alles war bereit. Auf dem Küchentisch lagen, der Größe nach geordnet, die Schlüssel für die Zwischenmieterin. Außerdem: die Handgepäck-Liste. Die Wohnungs-Checkliste. Die Telefonnummern-Liste. Die In-der-ersten-Woche-To-do-Liste. Die Großer-Koffer-I-Liste. Und die Großer-Koffer-II-Liste. Wobei Letztere eigentlich nicht zählte, weil ich an ihr noch arbeitete. Großer-Koffer-II ging nämlich nicht zu. Doch dazu gleich.

Ich liebe Listen. Man kann sie nach Belieben aufstellen, umstellen, abarbeiten, verwerfen. Sie überraschen einen nicht. Sie enttäuschen einen aber auch nicht. Listen vermitteln einem das Gefühl, die Welt im Griff zu haben. Ich finde, das ist ein äußerst angenehmer Zustand.

Natürlich hatte ich auch für mein Leben eine Liste erstellt. Und das Abhaken hatte in den vergangenen 32 Jahren ganz gut geklappt. Ich war wie geplant Journalistin geworden, hatte eine gut bezahlte Teilzeitstelle bei einem Magazin und genügend Aufträge als freie Autorin. Ich hatte einen Freund, der meine Macken mit Fassung ertrug, und Freundinnen, mit denen ich Weinflaschen leeren, lachen, weinen und lästern konnte. Ich hatte eine Altbau-Mietwohnung in einem Viertel mit netten Kneipen und einem hübschen Wochenmarkt. Ich hatte einen Balkon.

Dummerweise hörte die Liste hier auf. Und das beunruhigte mich mehr, als ich es wahrhaben wollte. Es gab Nächte, in denen ich schweißgebadet aufwachte, weil ich geträumt hatte, ich stünde vor einem riesigen Schwimmbecken, und hinter mir drückten und drängelten die Leute und riefen mir zu, doch endlich zu springen, und ich wusste nicht an welcher

Stelle, es sollte doch eine gute Stelle sein, ach was, die allerbeste, und ich rannte hin und her wie ein aufgescheuchtes Huhn, und irgendwann wurde ich wach und war verschwitzt wie nach einem Marathon. Doch gesprungen war ich noch immer nicht.

Es war in einer Woche, in der die Träume besonders heftig waren, als mein Freund Max, auch Journalist, mich fragte, ob ich Lust hätte, mit ihm für ein Jahr ins Ausland zu gehen, nach Kapstadt, Südafrika. Man habe ihm dort eine Korrespondentenstelle angeboten. Auch für mich gäbe es sicher genug zu berichten.

Ich dachte eine Nacht darüber nach. Dann sagte ich ja. Nicht aus den Gründen, die man vielleicht erwarten würde: die große Mal-was-ganz-Verrücktes-machen-Sehnsucht. Der lang gehegte Auszeit-Wunsch. Nein, ich war vor allem froh, endlich wieder einen Plan zu haben. Alles würde gut. Zumindest für ein Jahr. Und dann? Der Gedanke ließ sich erst mal verdrängen.

Kann man ein Jahr in Südafrika planen? Ich war überzeugt: Man kann. Obwohl ich nie dort gewesen war. Vielleicht gerade deshalb. Drei Monate vor der Abreise begann ich, alles Mögliche zu lesen: Reiseführer, Geschichtsbücher, Zeitungsartikel, Statistiken. Als ich fertig war, ließen sich meine Erwartungen an meine neue Heimat auf Zeit ungefähr an den vier dicken Ordnern ablesen, die jetzt, wenige Minuten bevor mich das Taxi zum Flughafen bringen sollte, dafür sorgten, dass sich mein Koffer trotz wilden Rüttelns am Reißverschluss einfach nicht schließen ließ. Auf den Etiketten der Ordner standen nur wenige Worte:

1. Schwarz + Weiß
2. Natur + Tiere
3. Gewalt + Kriminalität
4. Aids + Armut

Schon klar, das waren Klischees, grobe Sammelmappen nur. Vor Ort würde sich die Realität vermutlich etwas komplexer darstellen. Doch genau wie meine Listen teilten auch die Ordner das Leben fürs Erste in überschaubare Brocken. Genau das brauchte ich jetzt.

Ich drückte die Ordner noch mal mit aller Kraft auf die Bücher im zweiten großen Koffer. Es knackte. Ich drückte fester. Das Gestänge des „Aids + Armut"-Ordners brach mit einem hässlichen Knirschen. Dann ratschte der Reißverschluss in einem Zug zu.

Südafrika und ich waren bereit.

Es konnte losgehen.

Oktober

„UND WANN WOLLEN SIE HEIRATEN?" Über seine alt-
modische Nickelbrille hinweg starrte der Mann mich an. Ich
starrte zurück und musste erst mal husten. Mit allem hatte
ich gerechnet. Doch nicht mit dieser Frage.

Es war mein erster Morgen in Kapstadt. Vor den Fenstern
des kleinen Büros in der Long Street knallte die Sonne schon
jetzt fast senkrecht auf den Asphalt. Autohupen und Möwen-
schreie drangen gedämpft durch die Scheiben. Wenn ich den
Kopf hob, konnte ich auf der gegenüber liegenden Straßenseite eine Gruppe Touristen sehen, mit Shorts und T-Shirts
bekleidet schlenderten sie zwischen den viktorianischen Häusern hindurch.

In den letzten vierzig Stunden war ich vom deutschen Spät-
herbst in den südafrikanischen Sommer gereist. Und auch abgesehen von diesem Klimawechsel war seit meiner Ankunft
gestern Mittag so viel passiert, dass mich jetzt, im Büro meines ältlichen, dafür aber umso seriöser wirkenden Immigration
Practitioners Herrn van der Merwe, eigentlich nichts mehr erschüttern sollte.

Trotzdem begann es, in meinem Bauch zu piksen. Was sollte die Frage mit dem Heiraten? Meine Unabhängigkeit war
mir so heilig wie meine eigene Wohnung. Sicher, für das Jahr
in Kapstadt würden Max und ich zusammenziehen, das war
am praktischsten. Doch es war überhaupt nicht klar, ob es gut
gehen würde. Und selbst wenn: Vor den Traualter treten würden wir deswegen noch lange nicht. Hing von der Antwort die
Genehmigung meines Aufenthalts ab?

Eigentlich ist das südafrikanische Einwanderungsverfahren
ja vergleichsweise simpel: Eine befristete „Permit" wird Ein-

wanderungswilligen, besonders solchen aus Übersee, vom Department of Home Affairs meist anstandslos gewährt. Wer den dafür erforderlichen Papierkrieg an einen privaten Immigration Practitioner delegiert, kann das Prozedere sogar auf wenige Wochen verkürzen. Nach fünf Jahren kann man einen unbefristeten Aufenthalt beantragen. Fünf Jahre später Staatsbürger werden. Nicht erst seit 1994, als das Post-Apartheid-Land zum Magneten für Einwanderer aus ganz Afrika wurde, ist Südafrika eine Migranten-Nation. Schon im 14. Jahrhundert zogen zentralafrikanische Bantu-Völker hierher auf der Suche nach Weideland für ihre Rinder. Als Armutsflüchtlinge kamen dreihundert Jahre später vor allem Holländer, Flamen und Deutsche. Nicht zu vergessen das Heer der Sklaven, das von den niederländischen Kolonialherren aus Indonesien, Westafrika und Madagaskar ans Kap verschleppt wurde, sich dort mit weißen Siedlern und ockerfarbenen Ureinwohnern mischte und so vor allem die Gegend rund um Kapstadt zu einem derart wilden Völker-Ratatouille machte, dass ich mein erstes Südafrika-Klischee schon gestern am Flughafen begraben hatte: von wegen „Schwarz + Weiß". Südafrika war – bunt! Und seine farbenfrohsten Bewohner, die vor allem rund um Kapstadt lebenden Mischlinge, nannten sich passenderweise auch gleich so: Coloureds.

Herr van der Merwe, der mich jetzt so streng musterte, war allerdings ein Weißer. Und er wartete noch immer auf eine Antwort. Ich überlegte fieberhaft: Hatte ich eine Regelung übersehen? Musste man verheiratet sein, um in Südafrika als Paar zusammenwohnen zu dürfen? Das klang absurd. Andererseits: Wenn mir vor einer Woche jemand erzählt hätte, dass ich meinen ersten Tag am Kap zum großen Teil mit ölverschmierten Händen am Straßenrand kauernd verbringen würde, hätte ich das auch nicht geglaubt.

Eigentlich hatte ich meine Ankunft ja minutiös geplant. Wichtigster Punkt dabei: Ich wollte unbedingt selber vom Flughafen zu unserer Wohnung fahren. Je früher Linksverkehr, desto besser. Als ich nach achtzehn Stunden Reise blass wie ein Flugzeugbrötchen mit meinem Gepäckberg in die Empfangshalle stolperte, hatte mir Max deshalb mit theatralischer Verbeugung den Schlüssel unseres Autos überreicht: eines rostgesprenkelten Toyota Tazz, Baujahr 2002. Den Wagen hatte er kurz nach seiner Ankunft vor einem Monat bei einem Kapstädter Gebrauchtwagenhändler gekauft. Ich war damals noch in Hamburg geblieben, um Zwischenmieter für unsere beiden Wohnungen zu suchen. Und, na gut, auch um ein paar Artikel fertigzustellen, die ich unglaublich wichtig fand. Schließlich war ich fest entschlossen, nach dem Jahr in meiner alten Redaktion wieder anzufangen. Ein guter Abgang konnte da nicht schaden, dachte ich.

Doch dann verpatzte ich mit Karacho meinen Einstieg am Kap. Der Toyota blieb nämlich einfach stehen. Zum Glück nicht auf der Autobahn, das wäre womöglich tödlich ausgegangen, sondern auf einer stillen, von Palmen gesäumten Seitenstraße knapp zwei Kilometer vor unserer Wohnung im Küstenvorort Sea Point. Eine verzweifelte halbe Stunde lang versuchten Max und ich, den Motor mit Hilfe der Tomatensaftdose abzukühlen, die ich vom Flugzeugfrühstück noch in meiner Tasche hatte. Dann fiel Max erfreulicherweise ein, dass es wenige Straßen weiter ja auch eine Werkstatt gab. Wir schoben das Auto dorthin. Und erfuhren nach einer Stunde Warten in der Mittagshitze, dass a) sich der Motorkopf wegen der Hitze komplett verzogen hatte, b) ich das aber nicht merken konnte, da die Warnleuchte defekt war, c) der Wagen sowieso rettungslos überteuerter „kak", also Bockmist, sei, d) wir ihn „frühestens in einer Woche" wiedersehen würden und e) die Reparatur wohl 4000 Rand kosten würde, gut 500 Euro. Die Stimmung war von da an eher frostig. Und statt den ersten Abend in unserer mit Möbeln und Meerblick ausgestatteten und trotzdem unverschämt günstigen Wohnung bei einer Flasche Shiraz zu feiern, lagen wir in verschiedenen Ecken des riesigen Ehebetts und schwiegen uns an.

Zum Glück verfügt unsere Beziehung über einen Trumpf, der uns schon oft vor größeren Krachs bewahrt hat: Wir haben beide ein großes Harmoniebedürfnis. Und so konnten wir am nächsten Morgen fast schon wieder über den Rülpser lachen, den der Toyota kurz vorm Absterben von sich gegeben hatte. Und, fast noch wichtiger: Wir begannen, Alternativpläne für die autofreien Tage zu schmieden. Ohne Auto, das hatte Max nämlich schon gemerkt, ließ sich in Südafrika vieles nur unter großem Zeitaufwand, manches gar nicht bewerkstelligen. Das Netz der Busse und Bahnen war löchrig wie ein mottenzerfressenes Leopardenfell, die Entfernungen für europäisches Raumempfinden gigantisch. Angesichts der Tatsache, dass achtzig Prozent aller Südafrikaner kein Auto haben und meist in winzigen Dörfern oder Townships fernab der Stadtzentren wohnen, ist das natürlich ein bedrückender Zustand. Doch die Not hat die Menschen schon während der Apartheid erfinderisch gemacht. Da Schwarze kaum Lizenzen für reguläre Busse erhielten, bauten ein paar findige Nasen ihre privaten Kombis einfach zu Bussen aus und kutschierten darin Dienstmädchen und Gärtner illegal zwischen Städten und Townships hin und her. Minibus-Taxis nannte man die Gefährte, 1987 wurden sie offiziell zugelassen, noch heute nutzen sie sechzig Prozent aller Südafrikaner. Trotz hoher Unfallquoten und regelmäßiger „Taxi-Kriege" zwischen den rivalisierenden Unternehmen. Doch Minibus-Taxis sind nun mal konkurrenzlos billig. Überraschend schnell. Und wenn man sich mit dem Fahrer gut stellt, wird man sogar von zuhause abgeholt.

„Wenn du heute wegen der permit in die Stadt musst, nimmst du am besten auch so einen Minibus", sagte Max. „Die Fahrt kostet nur fünf Rand. Stell' dich einfach an die Victoria Road und warte, bis einer kommt. Je voller der Wagen, desto größer der Spaß."

Der Bus, der mich kurz darauf aufklaubte, war leider leer. Und ich fast ein bisschen enttäuscht. Bis zweihundert Meter weiter, am Supermarkt, plötzlich die Massen zustiegen: schwarze Matronen mit bunten Röcken und prall gefüllten Einkaufstüten. Dürre Coloureds-Väterchen, die angeregt vor sich hin brabbelten. Eine Handvoll kichernder Mädchen mit bunten Clips in den Zöpfchenmähnen. Bald klemmte ich zwischen der mit Pflastern fixierten Fensterscheibe und den schwitzenden Schenkeln einer dicken Mama. Über meinem Kopf wummerte eine monströse Stereoanlage. Vor mir feuerte der Fahrer, ein kahl rasierter Coloured, unentwegt Flirtsalven Richtung Mädchengruppe. Die Sprache, die er dabei benutzte, hielt ich zunächst für einen Hustenanfall. Später wurde mir klar: Das war Afrikaans.

Knapp zwanzig Minuten dauerte der Ritt. Die meiste Zeit rasten wir an heruntergekommenen Siebzigerjahre-Hochhäusern, Surfershops, China-Imbissen und erfreulich freizeitorientiert aussehenden Menschen in Shorts und Flip-Flops vorbei. Das war also Sea Point, mein neues Zuhause. Auf den Ort war ich tatsächlich gespannt: Während der Apartheid hatten hier, am Fuß des Lion's Head, nur Weiße gelebt, vor allem Italiener, Griechen und osteuropäische Juden. Damals war Sea Point einer der am dichtesten bebauten Stadtteile Südafrikas, die Restaurantszene galt als legendär, sogar das erste vegetarische Restaurant des Landes wurde hier eröffnet – im fleischfanatischen Südafrika tatsächlich eine Sensation. Doch dann wurde 1992 am Hafen die Victoria & Albert-Waterfront eröffnet. Und die Menschen feierten von da an lieber im herausgeputzten Hafenbecken. In Sea Point konnte man höchstens noch mit Drogen oder Sex Geld verdienen. Erst in den letzten Jahren hatte der Ort ein Revival erlebt. Und die Rückkehrer registrierten erstaunt: Das einstige Weißen-Ghetto war bunt geworden. Schwarze und Coloureds lebten jetzt hier, Chinesen und Nigerianer hatten Restaurants eröffnet. Und seit 2010 zur Fußball-

WM das Green Point Stadium am Rande des Viertels zum metallisch glänzenden Cape Town Stadium umgebaut worden war, pilgerten die Menschen nach Sportevents nicht mehr sofort in die Innenstadt. Sie feierten lieber hier, beim plötzlich unglaublich angesagten einstigen Schmuddelkind.

In Kapstadt, das sollte ich in den nächsten Monaten immer wieder erfahren, gab es Dutzende solcher Orte, an denen sich Schönes und Hässliches, Euphorisierendes und Erschreckendes miteinander mischte. Meist hatten die Brüche mit der jüngsten Vergangenheit zu tun. Vor allem mit der Trennung der Hautfarben während der Apartheid, 1950 Gesetz geworden durch den berüchtigten Group Area Act. Da ist zum Beispiel die Brachfläche, die neben den Zuckerbäckerbauten der Innenstadt klafft wie eine Wunde. Hundert Jahre lang erstreckte sich hier das lebendigste Viertel Kapstadts, der vor allem von Coloureds bewohnte Disctrict Six. Bis die Gegend 1966 zur white area deklariert wurde. Bulldozer walzten bis auf Kirchen und Moscheen alles nieder, mehr als 60 000 Menschen wurden auf die Cape Flats, die sandigen Ebenen jenseits des Tafelbergs vertrieben. Bis heute sind Wiederaufbau des Viertels und Entschädigung der einstigen Bewohner nicht so recht in Schwung gekommen.

Auch die zahllosen, von Schwarzen errichteten Slums von Gugulethu oder Kayelitsha, die Kapstadt umschließen wie ein rostiger Blechgürtel, sind so ein Apartheids-Erbe – und Mahnmal der nicht immer rosigen Gegenwart. Da mag es nur konsequent erscheinen, dass man sich, um den prächtigsten Blick auf die Stadt zu erleben, an ihren einst dunkelsten Ort begeben muss: Auf Robben Island, dem Kalksteinfelsen zwölf Kilometer vor der Küste, wurden zwischen 1961 und 1991 die Führer des Anti-Apartheid-Kampfes gefangen gehalten. Achtzehn Jahre lang musste hier auch der spätere Präsident Nelson Mandela im Steinbruch schuften, wurde erniedrigt und misshandelt. Doch wer sich ans Südufer der einstigen Schreckens-

insel stellt und auf die Stadt und ihre charakteristische Fels-
kulisse blickt, fühlt sich, als betrachte er eine unwirklich schöne Postkarte.

Kurz nachdem mein Minibus das Cape Town Stadium passiert hatte, konnte auch ich einen Blick auf die charakteristi-
schen Berge Kapstadts erhaschen: links der zerklüftete Devil's
Peak, rechts die Gipfel von Lion's Head und Signal Hill und
mittendrin der Tafelberg mit seinem wie abgesägt wirkenden
Plateau. Grandios und ein bisschen verrückt sah das aus. Wie
das Werk eines größenwahnsinnigen Bühnenbauers. Und das
Beste daran war: Das Stück, das vor dieser Kulisse geboten
wurde, würde ich ein ganzes Jahr lang verfolgen dürfen. Mein
Herz machte einen Hüpfer.

Dann hüpfte auch der Minibus, und zwar in einer schar-
fen Rechtskurve den Berg hinauf. In irrwitzigem Tempo bretterten wir durch Straßen mit immer höheren Häusern. Als
wir schließlich in gefährlicher Schräglage in die vierspurige
Strand Street einbogen, die vor hundert Jahren noch die Grenze zum Meer markierte, hatte ich schon aufgehört, die bei Rot
überfahrenen Ampeln zu zählen, und mich lieber darauf kon-
zentriert, mit meinen nackten Füßen in den Flip-Flops nicht
den Boden zu berühren. Der war nämlich glühend heiß. Und
eigentlich war es auch gar kein Boden, sondern bereits die
Motorverschalung, unter der es laut klapperte. Doch was soll's?
Ich hatte mein Ziel in Rekordzeit erreicht – und musste nicht
mal einen Parkplatz suchen.

„M'am, ist Ihnen nicht gut? Sie sind so blass ..." Im Büro
hatte sich Herr van der Merwe inzwischen besorgt nach vorne
gebeugt. „Möchten Sie einen Schluck Wasser?" Er ging zum
Wasserspender, füllte einen Becher. Plötzlich sah er gar nicht
mehr streng aus. Eher wie ein rühriger Opa.

„Danke", murmelte ich, als er mir den Becher reichte. Mir
war jetzt wirklich flau im Magen. „Ich glaube, es ist die Hitze.
Ich muss mich erst daran gewöhnen ..." – „Ja, ja, das kennen

wir hier. Schlafen Sie sich mal richtig aus. Dann geht's Ihnen gleich besser. Das mit der Hochzeit besprechen wir dann ein anderes Mal." Er begann, meine Papiere zusammenzupacken.

„Moment ..." Ich richtete mich auf. Bevor ich die alles entscheidende Frage geklärt hätte, konnte ich unmöglich gehen: „Wieso sprechen Sie eigentlich die ganze Zeit von Hochzeit? Muss ich verheiratet sein, um die permit zu bekommen?" – „Shame, nein! Wie kommen Sie denn darauf?" – „Weil Sie doch wissen wollten, wann ich heirate!" – „Ach so ..." Van der Merwe kicherte etwas verlegen. „Das frage ich nur aus privatem Interesse. Ich vermittele nebenberuflich besondere Orte für Trauungen. Kapstadt ist doch berühmt als wedding destination! Und die Leute wollen immer ausgefallenere Locations. Da Sie eine partner permit beantragt haben, dachte ich mir, Sie und Ihr Freund wollten selbst demnächst ...?" Er lächelte verschwörerisch: „Ich könnte Ihnen einen Platz auf Robben Island besorgen!" – „Auf Robben Island?" – „Ja! Seit zehn Jahren traut die Stadt da jeden Valentinstag zwanzig Paare. Zum Andenken an Mandela. Die Leute kommen aus aller Welt! Denken Sie darüber nach! Meine Kontakte sind exzellent ..."

Schon im Aufzug konnte ich mich nicht mehr beherrschen: Heiraten! Ich prustete los. Und dann noch auf Robben Island! Das fing ja gut an.

Südafrikanisch für Anfänger

Lektion 1: Überleben Sie den Straßenverkehr!

Die Gruselfakten zuerst, dann haben wir sie hinter uns: 900 000 Unfälle pro Jahr, 42 Verkehrstote pro Tag, Zehntausende schrottreifer und überladener Bakkies (Pick-ups), Minibusse und Citi Golfs auf verstopften Stadtstraßen und schlaglochgespickten national roads. Wie geht der Südafrikaner damit um? Er schimpft (Lektion 7). Und fährt noch radikaler. Was wiederum die Polizei freut, die sich, so das Gerücht, vor allem über die zahllosen Strafzettel finanziert, die sie wegen Tempoüberschreitung oder Trunkenheit am Steuer (die Promillegrenze liegt bei 0,5) austeilt.

Doch wie reagieren Sie? Mit Gemach und Neugier. Halten Sie Respektabstand zu den Minibussen (es sei denn, Sie wollen bei 120 km/h aus der Spur geboxt werden). Rechnen Sie immer und überall mit Mensch und Getier auf der Fahrbahn. Und freuen Sie sich über all das, was Sie aus Deutschland nicht kennen: einsame Fahrten durch traumhafte Landschaften. Charmante Tankwarte. Billigen Sprit. Und Bakkie-Fahrer, die dank der fast überall vorhandenen Extra-Spur für langsame Autos stets bereitwillig Platz machen. Bedanken können Sie sich dafür mit einem kurzen Betätigen des Warnblinkers. Und, ach ja: Bleiben Sie um Himmels willen links! Sonst: siehe oben.

November

UND DANN WAR PLÖTZLICH ALLES GANZ STILL. Die Wolken, die schon seit meinem Aufbruch von der Wohnung wie überkochende Milch vom Meer Richtung Berge fluteten, hatten das Donnern der Brandung und das Brummen der Autos auf der Küstenstraße einfach geschluckt. Das Einzige, was ich jetzt noch hörte, war mein Atmen, besser: mein Keuchen. Die letzten Meter waren steil gewesen.

Ich stand am Ende der Saint Leon Avenue in unserem Nachbarort Bantry Bay. Die Saint Leon ist eine jener Hangstraßen, die sich seit einigen Jahren immer tiefer in die Wildnis des Lion's Head bohren, hinter der letzten Villen-Baustelle unvermittelt aufhören und gigantische Ausblicke auf die Buchten von Clifton und Camps Bay bieten. Wegen der Wolken war das Panorama heute besonders spektakulär: Wie in rosa Tüll gehüllte Steinriesen ragten die Gipfel der Twelve Apostels aus dem Dunst. Rechts davon glitzerten die Fenster der Bungalows von Clifton im Licht der untergehenden Sonne wie Diamanten.

Seit mir Max in der ersten Woche die Stelle gezeigt hatte, war ich fast jeden Abend hier hoch gelaufen. Zunächst natürlich wegen des Blicks: diese Landschaft! Dieses Licht! Mittlerweile hatte ich mich an beides fast schon gewöhnt. Viel spannender fand ich jetzt die Häuser, an denen man beim Aufstieg vorbeikam: Märchenschlösser mit Türmchen und Erkern. Modernistische Betonbunker. Verhutzelte Fachwerkhäuser, die zwischen den Fynbos-Büschen der Kapküste so exotisch wirkten wie afrikanische Rundhütten im Schwarzwald. So unterschiedlich die Architektur der Villen, so einheitlich war ihr Festungscharakter: An allen Gartenmauern prangten die Armed-response-Schilder der privaten Sicherheitsdienste. Darüber spannten sich mehrere Lagen Elektrozaun, unterbrochen von Stahltoren, die aussahen, als würden sie sogar einer Panzerattacke standhalten. Und alle paar hundert Meter saß ein bewaffneter security guard in einer Holzbude und starrte etwas gelangweilt vor sich hin.

Südafrika und Sicherheit – an diesem Thema war ich schon im Vorfeld meiner Reise nicht vorbeigekommen. „Packt bloß immer alles in den Kofferraum!", hatten Freunde geunkt, denen im letzten Südafrika-Urlaub der Rucksack vom Beifahrersitz geklaut worden war – bei 10 km/h und während sie selbst schreckensstarr danebensaßen. „Haltet bei Wanderungen immer ein Handy mit eingespeichertem Notruf in der Hand!", riet eine ans Kap emigrierte Kollegin. Eigentlich hatte ich mir ja geschworen, mich von so was nicht irremachen zu lassen. Herrgott, ich zog doch nicht nach Downtown Johannesburg! Aber dann hatte mich doch eine Mischung aus Neugier und Grusel gepackt und ich hatte über den südafrikanischen Sicherheitswahn zu recherchieren begonnen. Ein weites Feld. Na gut, bei rund fünfzig Morden, achtzig Vergewaltigungen und siebenhundert Wohnungseinbrüchen pro Tag ist das vielleicht auch kein Wunder. Ähnlich hohe Zahlen gab es zwar schon während der Apartheid, die private Aufrüstung mit Sicherheitstüren und Bewegungsmeldern boomt aber erst seit 1994. Seither agieren Räuber und Einbrecher nämlich nicht mehr „nur" in den Townships, wo sich ohnehin keiner eine Alarmanlage leisten kann, sondern auch in den reicheren Vororten. Leider hat der SAPS, der South African Police Service, selbst noch an seinem Neubeginn von 1994 zu knabbern und ist deshalb längst nicht so schlagkräftig, wie es laut Statistik erforderlich wäre. Viele weiße Officers hatten in den 1990ern gekündigt oder waren in den privaten Sicherheitsdienst gewechselt. Nachfolger mussten erst rekrutiert und ausgebildet werden. Diese Lücke füllt nun eine milliardenschwere Industrie:

Auf einen Polizisten kommen fast drei private security guards. Für Elektrozäune und Alarmanlagen investieren Mittelschichts-Südafrikaner umgerechnet 500 bis 1000 Euro pro Jahr. Zudem gehen Bürgerwehren ehrenamtlich Patrouille.

Als ich meine Recherche beendet hatte, hatte ich das Gefühl, in ein Kriegsgebiet zu reisen. Ich rief beim „Institut für Sicherheitsstudien" in Pretoria an: Wie gefährlich war Südafrika wirklich?

Der Forscher, mit dem ich sprach, strahlte die Abgeklärtheit eines Mannes aus, der schon viele aufgeregte Journalisten aus Übersee hatte beruhigen müssen: „Dass Ihnen selbst etwas passiert, ist statistisch gesehen eher unwahrscheinlich", betonte er als Erstes. „Schon allein weil Sie Weiße sind. Die Gefahr, Opfer von Verbrechen zu werden, ist für Weiße nur halb so groß wie für Schwarze oder Coloureds. Das liegt vor allem daran, dass die meisten Verbrechen ja noch immer in den Townships passieren, hauptsächlich unter Familienangehörigen. Dort leben nun mal kaum Weiße. Dass dort so viel passiert, ist natürlich schlimm genug. Und bevor wir unsere sozialen Probleme lösen, werden wir diese Gewalt auch leider nie richtig in den Griff bekommen: Wir haben eine gewaltsame Vergangenheit, krasse soziale Gefälle, viele frustrierte junge Männer. Doch es gibt auch gute Nachrichten: Die Polizei wird langsam besser, die Zahlen sinken. Vielerorts können Sie sich so unbesorgt bewegen wie in Europa. Am besten, Sie beobachten die Südafrikaner selbst. Wo sind sie nervös, wo entspannt? Wo gehen sie zu Fuß, wo nehmen sie ein Taxi? Kopieren Sie. Dann können Sie nichts falsch machen."

In den ersten Tagen am Kap hatte ich meine neuen Mitbürger observiert wie ein Vogelkundler eine seltene Kronenadler-Population: Ließen sich irgendwelche Anzeichen von Nervosität erkennen? Das Ergebnis war beruhigend: Zwar schien man die Innenstadt nach Einbruch der Dunkelheit zu meiden, tagsüber herrschte hier aber recht unbesorgtes Treiben. Am

Greenmarket Square saßen ältere Damen mit Geldbörse auf dem Tisch in den Straßencafés. Über die Alleen in Company's Garden schlenderten Frauen mit locker umgehängter Handtasche. Ich entspannte mich.

Die Festungen von Bantry Bay, durch die ich gerade spaziert war, passten da natürlich nicht so recht ins Bild. Selbst tagsüber waren die Straßen hier so leergefegt, als erwarte man den Einmarsch einer feindlichen Armee. Bibberten hinter den hohen Mauern durch Alarmanlagenwerbung und Revolverblätter verwirrte Paranoide? Oder war es rettungslos naiv, hier allein durchzuflanieren? Ich ahnte, dass sich südafrikanische Vorsicht und europäische Sorglosigkeit in den nächsten Monaten bei mir noch erbitterte Kämpfe liefern würden.

In unserer Straße sah man die Lage auf jeden Fall etwas entspannter. Unser Wohnblock, ein verwittertes Mehrfamilienhaus aus den 1920ern, vertraute zum Beispiel allein den Fenstergittern im Parterre und einer Dackelwurst, die mich jeden Morgen aus dem Nachbargarten ankläffte, wenn ich die Zeitung kaufen ging. Vielleicht, weil das beste Alarmsystem sowieso die zwei Damen waren, die den ganzen Tag auf der Bank unter der Außentreppe saßen und das Treiben auf der Straße kommentierten: Ruth und Venetia.

Wenn ich unsere Vermieterin und ihre Haushälterin sah, musste ich immer an Madam & Eve denken. In dem wohl bekanntesten südafrikanischen Comic-Strip kämpfen die weiße, reaktionäre Madam Gwen und ihre schwarze Hausangestellte Eve Folge für Folge gegen die Tücken des Post-Apartheid-Alltags – und mit größer Wonne gegeneinander. Ganz ähnlich gestaltete sich die Beziehung von Ruth und Venetia. Wir durften nun täglich daran teilhaben.

Fast alle dieser „Ruth & Venetia"-Strips beruhten auf zwei variierbaren Plots. Nummer eins: Wir traben die Außentreppe herunter, vernehmen das Odeur filterloser Zigaretten, und Tatsache: Auf der Bank, eingewickelt in einen Bademantel und ausstaffiert mit einem monströsen Aschenbecher aus den 1970ern, thront: Ruth. Weiß, achtzig, jüdisch, frisch verwitwet und grazil wie ein Fynbos-Pflänzlein – unter der trotz Nikotinsucht zarten Damenhaut aber knüppelhart wie das Trockenfleisch Biltong. Es folgt ein zehnminütiger Monolog über das Wetter und die Mühen des Witwendaseins. Dann: Quietschen der Haustür, Auftritt Venetia. Coloured, 63, neuapostolisch, nie verheiratet und knorrig wie eine afrikanische Feige – hinter der runzeligen Fassade aber milde wie Rooibostee. „Ruth, du sollst nicht rauchen!" „Unsinn, ich paffe nur!" – „Zigarette weg!" – „Nein!" – „Doch!" – „Nein!" – „Doch!" An dieser Stelle nutzten wir meist die Chance und verdrückten uns, der Dialog ging noch ewig weiter.

Nummer zwei: Es klingelt. Vor der Tür Venetia – und ein erregter Redeschwall: „Ich halt das nicht mehr aus! Diese Frau macht mich wahnsinnig! Jetzt soll ich auch sonntags arbeiten. Ohne Bezahlung! Wenn ich morgen im Pollsmoor Gefängnis lande, weil ich Ruth was ins Essen getan habe, ist sie selbst schuld, nicht wahr?" Nun war verständnisvolles Nicken angebracht, ein dezenter Hinweis auf das Fünfte Gebot sowie Venetias doch bald bevorstehenden Ruhestand. Von unten hört man Ruth erneut nach ihrer Perle krächzen, oben entfährt Venetia ein mit neuapostolischen Glaubensgrundsätzen sicher nicht vereinbarer Fluch auf Afrikaans. Hastiges Bekreuzen zum spirituellen Ausgleich. Abgang.

Wie die meisten großen Feindespaare der Weltgeschichte hatten es sich aber auch diese beiden im Laufe ihres schon dreiundzwanzig Jahre tobenden Stellungskampfs bereits so sehr im Schützengraben gemütlich gemacht, dass sie mich eher an ein schrulliges Ehepaar erinnerten als an verbitterte Kriegsgegner. Zumal es ja auch noch das große, beide Parteien vereinende Überthema gab: der Niedergang der Nation. Seit dem Abdanken Nelson Mandelas, spätestens jedoch seit der Präsidentschaft des Ex-Rinderhirten Jacob Zuma befänden sich Sitte und Moral in freiem Fall. Überhaupt sei der einst so ruhmreiche ANC längst nur noch eine korrupte Bande aus Black Diamonds, wie man die neureiche schwarze Elite gern nannte.

Dass Ruth von den neuen Herren Südafrikas nicht viel hielt, erschien mir völlig logisch: Ruth war weiß, die seit 1994 herrschende ANC-Regierung meist schwarz und unter anderem mit dem Ziel angetreten, die nicht-weiße Mehrheit des Landes mit Förderprogrammen wie dem Black Economic Empowerment demografisch angemessen an Wirtschaft und Verwaltung zu beteiligen. Dass es gerade älteren Weißen schwerfiel, die einstigen Privilegien abzugeben, überraschte mich nicht: War ihnen nicht jahrzehntelang eingebläut worden, dass sie völlig zu Recht bevorzugt wurden und Nichtweiße in ihrer Welt nichts zu suchen hätten?

Wie so oft in den nächsten Monaten war die Lage bei näherem Hinsehen dann doch etwas komplizierter. Denn zu meinem Erstaunen lästerte ja auch Venetia über den ANC, Jacob Zuma oder das schwarze Hausmädchen der Nachbarn. Hätte sie nicht zu denen halten müssen, die wie sie unter der Apartheid gelitten hatten?

„Bist du verrückt?", schrie sie, als ich mich endlich traute, sie zu fragen. „Das sind doch ganz andere Leute! Mit einer ganz anderen Kultur! Ich bin eine Coloured!"

So viel schon jetzt: Bis ich mich im südafrikanischen Rassendschungel einigermaßen fettnäpfchenfrei bewegte, sollte es Monate dauern. Zwei Regeln galt es dabei, mit Demut zu akzeptieren. Erstens: Keiner war einfach „schwarz" oder „weiß". Man war Zulu oder Xhosa, Brite oder Bure, Coloured oder Inder, oder Teil einer anderen der offiziell elf, je nach Definition auch mal dreißig Volksgruppen. Und darauf war man stolz. Zweitens: Colour und race, Hautfarbe und Rasse, waren die Kriterien, unter denen vom Taxifahrer bis zur Talkshowmoderatorin alle alles mit Leidenschaft debattierten. Egal, ob es um den Sieger der Castingshow „Idols" ging, um Bildungschancen oder Sexstellungen, Fastfood-Vorlieben oder Aidsraten. Als Nichtsüdafrikanerin mochte einen dieser Farbfilter manchmal zum Wahnsinn treiben. Für ein Land, in dem das Rassenraster drei Jahrhunderte lang zur zwischenmenschlichen Grundausstattung gehört hatte und das gerade versuchte, sich an eine neue Identität heranzutasten, war er aber wohl ziemlich normal.

Doch es gab Orte, an denen das bunte Miteinander auch heute schon zu klappen schien. Einer davon befand sich gleich vor unserem Fenster: die Promenade von Sea Point. Vor allem freitagabends marschierte hier ein Südafrika auf, wie es sich die Marketingabteilung von South African Tourism nicht besser hätte ausdenken können: Kapmalaische Muslime verrichteten neben bolzenden Xhosa-Jungs ihr Abendgebet. Knapp bekleidete Burenmädels joggten zwischen Chicken Wings mampfenden Mamas aus Kayelitsha. Wenn dann die Sonne das Meer berührte, packte man auf den Parkplätzen je nach soziokulturellem Hintergrund Campinggrill, Chips oder selbst gemachtes Malay Curry aus, drehte das Autoradio bis zum Anschlag auf und starrte – gern mit einem eigentlich illegalen Dagga-Tütchen, also: Marihuana-Joint, in der Hand – bei geöffneten Türen durch die Windschutzscheibe aufs Meer. Wer jetzt zwischen Saunders Rock und dem Leuchtturm von Mouille Point spazierte, konnte die Sonne alle paar Meter zu einem andern Soundtrack untergehen sehen: vom Afrikaans-Schlager à la Steve Hofmeyr über den Kwaito von Mandoza bis zu den Hymnen des Soweto Gospel Choir.

Ein Gang über diese gischtumwehte Freiluftbühne war die beste Erholung vom Rumgehetze, das meine ersten Wochen natürlich auch bestimmte. Behörden und Papierkram waren schon in Deutschland nicht meins gewesen. In Südafrika schienen die Formulare aber noch länger, die Prozeduren noch umständlicher zu sein. Mit Hilfe diverser Minibusse hechelte ich also zwischen Handyladen („Für einen Vertrag brauchen wir aber eine Kopie Ihrer Stromrechnung!"), Copyshop („Nein, mit Kreditkarte können Sie hier nicht zahlen. Haben Sie keine Debitcard?") und Bank („Vorsicht: Das ist ein non-resident account. Wenn ein Südafrikaner Ihnen Geld überweisen will, müssen Sie das melden!") hin und her, nebenbei schwatzte ich Ruth und Venetia für meine partner permit auch noch die schriftliche Bestätigung ab, dass Max' und meine Beziehung „on solid principles" basierte. Und dann – endlich! – erhielten wir den ersehnten Anruf aus der Werkstatt: Das Auto war fertig.

Mit dem Toyota, so mein Plan, würde ich nun endlich Südafrika erkunden. Im Geiste sah ich mich, untermalt von wilden Afro-Rhythmen, durch die Grassteppen des Free State brausen, die Highways Gautengs erobern und die Dünen der West Coast pflügen.

Leider scheiterte ich schon fast an unserer Ausfahrt. Die eigentliche Herausforderung des Linksfahrens war nämlich nicht das Beibehalten der richtigen Straßenseite, sondern – alles andere. Erst zerrte ich mir fast das Genick: Ich hatte automatisch über die rechte Schulter zurückgeblickt, nicht über die linke. Dann aktivierte ich statt des Blinkers den Scheibenwischer. Schließlich landete meine Hand statt auf der Gangschaltung am Türgriff. Als ich die Straße endlich erreicht hatte, war mein T-Shirt klatschnass. Doch jetzt wurde es erst richtig sportlich: Spurmarkierungen schienen nämlich rein dekorative Funktion zu besitzen. Man fuhr mitten darauf oder im Slalom darüber hinweg. Blinken? Gerne! Doch fast nie, um Spurwechsel oder Abbiegen anzukündigen. Statt „links vor rechts" galt an Kreuzungen „first come, first drive". Und eine rote Ampel hieß nicht etwa „Stopp", sondern: „Leute, rollt schon mal vor, mit den Typen, die links und rechts dasselbe tun, werdet ihr euch schon arrangieren ..."

Irgendwann konnte ich nicht mehr. Ich rettete mich in eine Parkbucht. Und stand prompt vor dem nächsten Problem.

„Gib dem Typen, der in der gelben Weste am Straßenrand steht, zwei Rand", hatte Max mir eingeschärft. „Das ist der car guard, der passt auf die Autos auf." Clevere Einrichtung, hatte ich gedacht. Südafrikanische Autodiebe sollten ja bekanntlich keine Gnade kennen. Doch was tun, wenn statt eines Typs in gelber Weste plötzlich zwei vor dir stehen? „Hallo", sagte ich. „Wer ist der car guard?" „Ich!", rief der eine. „Nein, ich!" der andere. Irgendwann gab ich jedem zwei Rand, da zogen sie ab.

Hatte ich einen außergewöhnlich teuren Parkplatz gewählt? Oder sah ich aus wie eine besonders leicht abzuzockende Touristin? Ich weiß es bis heute nicht. Und mir sind auch nie wieder zwei car guards gleichzeitig begegnet. Trotzdem war meine Begeisterung nach diesem Ausflug etwas gedämpft. Den Mut für den nächsten Versuch musste ich erst neu sammeln. Also übernahm fürs Erste wieder Max das Steuer. Er schien darüber nicht wirklich unglücklich.

Dank des Autos erweiterte sich unser Aktionsradius enorm. Endlich konnten wir auch einen Schreibtisch für mich kaufen. Das Möbelgeschäft, das wir dafür ausgewählt hatten, befand sich im an der N1 gelegenen Canal Walk, Afrikas drittgrößter Shopping-Mall. Ich fand den Komplex aus pseudo-klassizistischen Einkaufspalästen eher mäßig spannend. Viele Südafrikaner waren von der Anlage aber so begeistert, dass sie sogar dort wohnen wollten: Rund um die Mall erstreckte sich Century City, eine von Seen durchzogene, eingezäunte und rund um die Uhr bewachte Retortenstadt, in der an die 60 000 Menschen lebten und arbeiteten. Es war nicht die einzige gated community, der wir in den nächsten Monaten begegneten. Parallel zur Alarmanlagenbranche boomen in Südafrika nämlich auch großflächig bewachte Wohnanlagen. Gern mit Sportanlagen, Grill- und Golfplätzen. In einige gelangt man nur, wenn man sich an der Pforte per Fingerabdruck ausweist. Die Vorstellung, in einer derart abgeschirmten Kunstwelt zu leben, womöglich mit den Hütten eines Townships daneben, ließ mich jedes Mal zusammenzucken. Oder war das wieder die Sicht der naiven Europäerin, die abends allein durch die Straßen spazierte?

Die naturbelassene Wildnis der Kap-Halbinsel war mir trotzdem lieber. Fuhr man von Sea Point aus im Uhrzeigersinn die Küste ab, hatte man das Gefühl, an einem Tag gleich vier verschiedene Länder zu bereisen. Die erste Station war Kalifornien – zumindest erinnerten mich die puderfeinen Sandstände von Clifton und Camps Bay stark an die amerikanische Westküste. Dann folgte auf der Küstenstraße Chapman's Peak ein Stück italienische Riviera. Kurz vorm Kap der Guten Hoffnung, im vom Sturm fast kahl gepeitschten Scarborough, fühlte man sich wie im schottischen Hochland. Und beim Rückweg entlang der Ostküste durchquerte man das Fischerörtchen Kalk Bay, das mit seinen viktorianischen Häusern auch an die südenglische Küste gepasst hätte.

Wie auf dem Münchner Viktualienmarkt hingegen fühlte ich mich, wenn Max und ich samstags über den Neighbourgoods Market im Kapstädter Arbeiterviertel Woodstock spazierten. Auf dem Gelände einer alten Fabrik boten Käsemacher, Flammkuchenbäcker und Biobauern ihre Produkte feil, und die Kapstädter Hipster futterten sich durch belgische Waffeln und indische Currys, dass die Röhrenjeans nur so krachten.

Es war an einem dieser Samstage, im Gedränge der Old Biscuit Mill, als mir klar wurde, was mich schon die ganze Zeit irritierte. „Wo sind hier eigentlich die Schwarzen und die Coloureds?", fragte ich Max, der sich gerade durch ein Stück organic carrot cake arbeitete. „Es kann doch nicht sein, dass wir die nur im Minibus treffen." – „Hm", machte Max. „Dass wir bis jetzt so wenige Schwarze getroffen haben, finde ich gar nicht so seltsam. Die machen hier in der Provinz ja nur ein Viertel aus. Aber Coloureds müssten uns eigentlich ständig begegnen ..." Er sah sich um. Um uns wogten die Massen: dicke und dünne, alte und junge, blasse und braun gebrannte –

Weiße. Kein Coloured. Max schob sich noch ein Stück Kuchen in den Mund und kaute. „Ich hab' da ja kürzlich eine Studie gelesen", sagte er dann. „Man hat untersucht, wie viel die einzelnen Rassen hier privat miteinander zu tun haben. Rat' mal, was rauskam!" – „Keine Ahnung." – „Sie haben fast nichts miteinander zu tun! Nicht mal aus bösem Willen, sondern weil man noch immer in völlig verschiedenen Welten lebt! Vielleicht erklärt das ja einiges ..."

Zuhause suchte ich im Internet nach der Studie. Es war das SA Reconciliation Barometer, eine Umfrage des Kapstädter „Instituts für Gerechtigkeit und Versöhnung". Fast die Hälfte aller Südafrikaner hatte dort angegeben, sich zuhause nie mit Landsleuten anderer Hautfarbe zu treffen. Jeder Vierte wechselte werktags kein Wort mit Andersfarbigen. Ein Drittel traute ihnen nicht über den Weg.

Ich war ernüchtert: Sollte das die eigentliche Bedeutung von „Regenbogennation" sein – dass sich die Farben des bunten Bogens nie mischten? Ich rechnete: Knapp zehn Prozent betrug der Anteil der Weißen in Südafrika. Rein mathematisch würde ich also gerade mal zehn Prozent der südafrikanischen Wirklichkeit mitbekommen.

Eine ziemlich öde Vorstellung.

Ich musste etwas unternehmen.

Südafrikanisch für Anfänger

Lektion 2: Leben Sie bunt!

Zugegeben, gerade für Deutsche ist das gewöhnungsbedürftig, doch: Vom Thema „Rassen und Hautfarben" sind Südafrikaner geradezu besessen. Das kann wunderbar selbstironisch sein, etwa wenn junge Zulus oder Buren mit Darkie- oder Mlungu- (Isi-Zulu für „Weißer") T-Shirts herumlaufen. Manchmal ist es aber auch einfach nur anstrengend. Zumal einige besonders geltungs-bedürftige Zeitgenossen den geschickt platzierten Rassismus als erfolgreiche Marketingstrategie entdeckt haben. Und so lästern weiße Schlagersänger die Verkaufszahlen ihrer Alben nach oben, indem sie öffentlich am Intellekt von Schwarzen zweifeln. Schwar-ze Politclowns sammeln Wählerstimmen mit dem Grölen rassis-tischer Kampflieder. Allzu wild darf man es dabei freilich auch nicht treiben, sonst landet man vor dem Equality Court. Süd-afrika gehört nämlich zu den wenigen Ländern, die eigene Ge-richte für Klagen gegen Diskriminierung und Hassrede haben. Schon das zeigt, dass der aufgeklärte Teil der Bevölkerung das Geläster selbst ziemlich satthat. Altkluge Sprüche in Sachen Poli-tical Correctness sollte man als Neuzugang deshalb besser lassen. Profitieren Sie lieber von Ihrem Fremdlingsstatus: Gegenüber weißen Ausländern sind Zulus oder Xhosas nämlich oft viel herz-licher als gegenüber südafrikanischen Weißen. Und das hilft, die Grenzen zu überschreiten, die das Land trotz aller Bemühun-gen noch immer prägen. Vier Jahrzehnte lang wurden per Ge-setz alle Menschen in Schwarze (2001: 79 Prozent), Weiße (9,6 Prozent), Mischlinge bzw. Coloureds (8,9 Prozent) und Inder (2,5 Prozent) eingeteilt. Fast ebenso lang lebte man in getrennten Wohngebieten, durfte mit anderen Hautfarben nicht mal auf derselben Bank sitzen. Südafrika war ein reicher Weißenstaat, gesprenkelt mit zehn unterentwickelten schwarzen Homelands; Coloureds und Inder galten als dritte „Nation" ohne eigenes Ge-biet. Klar, die Einkommens- und Machtverhältnisse haben sich heute vielfach verschoben. Den Alltag bestimmt aber oft noch das alte Raster. Ihnen ist das zu eng? Dann hilft nur die Offensive: Leben Sie selbst so bunt wie möglich! Die toleranten Südafrikaner werden Sie dafür lieben. Und die Blicke der anderen sollten sie ignorieren.

Dezember

„BIST DU DIR SICHER?" Mit hochgezogenen Brauen musterte mich der Taxifahrer im Rückspiegel. Er war blass und unglaublich dick, auf den Knien balancierte er eine Portion Chicken Wings vom KFC-Laden neben dem Rathaus. „Du willst in die Cornwall Street, nach Woodstock?" Ich lächelte sein mürrisches Gesicht so freundlich wie möglich an. Draußen peitschte der South Easter, Kapstadts Sommersturm, über die Grand Parade, Plastiktüten flatterten wie urzeitliche Flugmonster über den dunklen Platz. In diese Apokalypse wollte ich auf keinen Fall zurück. „Genau", sagte ich. „Was ist das Problem?" „Ich frag' ja nur. In der Gegend gab's gestern schon wieder eine Razzia. Kiloweise Drogen haben die gefunden ..." Sein Grinsen war jetzt genauso schmierig wie das Hähnchen auf seinen Schenkeln: „Kein Ort für weiße junge Damen würd' ich mal sagen. Schon gar nicht nach Sonnenuntergang ..."

Innerlich stöhnte ich auf: Warum geriet ich immer an die Unmöglichsten aller Taxifahrer? Den letzten musste ich erst mal durch Klopfen an die Scheibe wecken. Ein anderer schimpfte die ganze Zeit auf den neuen Bus-Shuttle zwischen Stadt und Flughafen – und nahm dann vor lauter Wut die falsche Ausfahrt: Ohne meinen winzigen Touristen-Stadtplan würden wir heute noch durch die südlichen Vororte irren. Dabei versicherte mir Ruth bei jeder Gelegenheit, die Kapstädter Taxifahrer seien wahre Goldschätze: „Aber steig' nie bei einem Johannesburger ein! Da kannst du gleich zu Fuß gehen!" Es wurde höchste Zeit, mich selbst wieder ans Steuer zu wagen.

Vorerst jedoch wählte ich die Waffe, die in solchen Situationen bisher am besten funktioniert hatte: Arroganz. „Ich habe eine dringende Verabredung", sagte ich mit eisiger Stimme.

„Würden Sie bitte sofort losfahren?" Der Mann seufzte und blickte auf sein Essen. Dann packte er die Tüte auf den Beifahrersitz und startete den Motor. „Aye aye M'am ..."

Ehrlich gesagt: Mit Reaktionen wie dieser hatte ich fast schon gerechnet. Unverständnis hatte ich bereits von Ruths Haushälterin Venetia geerntet, als ich ihr von meinem Plan erzählt hatte. „Wie bitte?", hatte sie gerufen und entsetzt mit den Händen gewedelt. „Du willst beim Coon Carnival mitmachen? Das sind doch alles Gangster und Alkoholiker!" – „Venetia, wie kannst du das sagen, das sind doch deine Leute, die Coloureds! Und ihr Karneval wird in allen Reiseführern als wichtigstes Kapstädter Neujahrsereignis erwähnt!" – „Deshalb musst du ja nicht gleich mitmachen! Noch dazu als Weiße! Pass bloß auf! Die Cape Flats sind nicht Sea Point!"

Da hatte sie sicher Recht. Doch genau deshalb wollte ich ja dorthin. Private Kontakte zu Coloureds oder Schwarzen würden mir in diesem Land nicht per Zufall vor die Nase plumpsen. Das hatte ich mittlerweile begriffen. Deshalb hatte ich mir vorgenommen, die einzelnen Schattierungen des südafrikanischen Regenbogens in den nächsten Monaten etwas genauer unter die Lupe zu nehmen. Wenn dieses Land schon mit verschiedenfarbigen Brillen auf der Nase lebte, würde ich eben die eigene Brille, sooft es ging, wechseln.

Die erste Gelegenheit, die sich dazu bot, war der Coon Carnival, das wichtigste Fest der Kapmalaien. Geht man von ihrem Stammbaum aus, dann sind die Kapmalaien tatsächlich das bunteste Volk Südafrikas. Zu ihren Vorfahren zählen nicht nur indonesische und schwarzafrikanische Sklaven, sondern auch europäische Siedler, indische Einwanderer und die Khoisan, die Ureinwohner der Kapregion. Die Kapmalaien sind Muslime, Alkohol ist für sie eigentlich tabu. Doch am 2. Januar, da hatte Venetia schon Recht, nimmt man es damit nicht so genau. Dann ziehen bis spät nachts Tausende Kapmalaien und andere Coloureds in knallbunten Uniformen durch die Stadt,

angeheizt von Goema-Trommeln, Trompeten und einem krei-
schenden Publikum – und eben auch vom einen oder anderen Schnaps. Im 18. Jahrhundert hatten die Sklaven der Kapkolonie so ihren einzigen freien Tag gefeiert, nach dem Ende
der Sklaverei 1834 wurden die Paraden fortgeführt, wie in Rio
kamen Wettbewerbe dazu. Während der Apartheid wurde der
Umzug verboten, die Coloureds in die Cape Flats vertrieben.
Erst 1996 wurde das Spektakel wiederbelebt – mit Nelson Mandela als Ehrengast. Heute gilt der Coon Carnival als Symbol
des neuen, multikulturellen Südafrikas.

Als Weiße mitzulaufen ist trotzdem noch immer ein fast
politischer Akt. Das merkte ich, als ich versuchte, Kontakt zu
den Karnevalstruppen aufzunehmen. Die meisten rekrutieren
ihre Anhängerschaft ausschließlich in den Coloured-Town-
ships der Cape Flats. Als ich die Mitarbeiterinnen des District
Six Museum deswegen um Hilfe bat, tuschelten sie erst mal
unsicher. Dann gab mir eine Frau einen Zettel mit einer Nummer: „Ruf' Melvyn an. Der hat für alles eine Lösung."

Und so verbrachte ich meinen ersten südafrikanischen Ad-
ventssonntag mit Melvyn. Melvyn, sechzig, Glatze, Trommel-
bauch, Schraubstockhändedruck, war Direktor der Kaapse Klopse Karnival Association, einer der beiden Organisationen, die
die Parade jedes Jahr auf die Beine stellen. In seinem klapp-
rigem Toyota Cressida bretterten wir einen ganzen Tag lang
durch die Flats, auf der Suche nach einem Klop, einem Karne-
valsclub, der bereit war, mich als Mitglied aufzunehmen: eine
Weiße, die weder Trompete spielen noch Goema trommeln
konnte. Kein leichter Job. Dafür kannte ich nach acht Stunden
Odyssee nicht nur Melvyns Lebensgeschichte (Gangsterriva-
len ermordet, fünfzehn Jahre Knast, Frau währenddessen an
Nebenbuhler verloren, fromm geworden, Leben dem Karneval
gewidmet, Frieden gefunden), sondern wusste auch detailliert
über die enge Verflechtung mancher Karnevalstruppe mit den
berüchtigten Western Cape Gangs Bescheid. „Unsere Truppen",

brüllte Melvyn (er brüllte eigentlich immer, sein linkes Ohr war seit dem Gefängnis taub), „sind aber sauber!" Will sagen: Die umgerechnet 25 000 Euro, die es pro Jahr brauchte, um einen Klop für die Parade fit zu machen, stammten nicht aus Drogengeschäften. Sie waren die Einnahmen der Feste, die die Karnevalisten das Jahr über in ihren Vierteln veranstalten. Deshalb, so Melvyn, seien seine Klopse auch weit mehr als Musikgruppen, die sich ab und zu zum Proben treffen: „Die Klopse halten die Jungs von der Straße, geben ihnen was, auf das sie stolz sind. Der Klop ist deine Familie."

Meine Familie fanden wir erst, als es schon dunkel war: die Fabulous Woodstock Starlights, 1973 gegründet, 800 Mitglieder, legendärer Abräumer bei den Wettbewerben. Die Proben fanden in einer alten Schule in einem Teil von Woodstock statt, der wenig Ähnlichkeit mit den schicken Fabrikhallen hatte, die ich vom Neighbourgoods Market kannte. Hier waren die Gassen staubig und voll finster blickender Gestalten, die Häuser zierten verfallene Balkons und dicht bepackte Wäscheleinen. Als wir vor der Schule parkten, hatte ich trotzdem das Gefühl, in eine gut gelaunte Familienfeier zu platzen: Vor dem Haus spielten Kinder, drinnen saßen Frauen mit Babys und Alte ohne Zähne. Man schwatzte, lutschte Bonbons und lauschte dem, was in der Mitte des Raumes vor sich ging. Dort stand der Chor, vorwiegend junge Männer mit zerfetzten Jeans, im Halbkreis um eine Lautsprecherbox. Sie warteten, bis die Musik in ohrenbetäubender Lautstärke losbrach. Dann sangen sie mit Inbrunst die Texte, die auf meterlangen Papierplanen gekritzelt an einer Wäscheleine hingen. Mal auf Englisch, mal auf Afrikaans, mal die Originaltexte alter Sklavenlieder, mal selbst gedichtete Spottverse auf die Melodien von Popsongs. Der Chef der Truppe thronte indes wie ein Buddha neben dem Samowar in der Schulküche und trank Tee. Zu ihm gingen Melvyn und ich als Erstes. Auf Afrikaans erläuterte ihm Melvyn mein Anliegen. Boeta Dinnie, Bruder Dinnie, wie ihn alle nannten, hörte mit halb geschlossenen Augen zu. Schweigen. Dann zog er einen Stuhl heran und nickte Melvyn zu. Ich durfte bleiben.

In den nächsten Wochen wurden die Starlights für mich tatsächlich so etwas wie eine Familie. Nach der ersten Probe summte ich die Songs unter der Dusche und übte auf der Straße den Trippelschritt, mit dem sich die Coons zur Musik bewegten. Nach der zweiten Probe fragten mich die Marktfrauen vor dem Rathaus, ob ich nicht die Weiße sei, die neuerdings bei ihnen im Klop mitmache. Und nach der dritten Probe sagte Dinnie, ich solle doch abends mal bei seiner Frau vorbeischauen: „Cornwall Street, Woodstock. Zum Maßnehmen für die Uniform."

Als das Taxi jetzt in der Cornwall Street hielt, tobte der Sturm noch immer. Staubwolken, schwankende Laternen, weit und breit kein Mensch. Nur zwei Jungs in zerschlissener Kleidung suchten auf der Veranda eines verfallenen Hauses Schutz. Der Fahrer ließ mir gerade noch Zeit, die Autotür zuzuschlagen, dann brauste er mit durchdrehenden Reifen von dannen. Außer den flackernden Lichtkegeln der Laternen war es um mich herum jetzt dunkel. In das Fauchen des Sturms mischten sich sofort alle möglichen anderen Geräusche: Schritte, Rufe, Rascheln. Ich lauschte angestrengt. Stammte das Knirschen womöglich vom Schritt eines zu allem entschlossenen Junkies? Blitzte dort vorne eine Klinge? „Europäerin von Drogendealer niedergestochen" – die Schlagzeile der morgigen *Daily Voice* sah ich bereits an den Laternenmasten hängen. Wie doof musste man sein, um sich am berüchtigtsten Drogenumschlagplatz der Stadt absetzen zu lassen?

„Kristina! Wir sind hier!" Die Frauenstimme, die durch den Sturm zu mir herüberwehte, klang beruhigend harmlos. Ich blinzelte den Sand aus den Augen – und richtig: Zehn Meter vor mir im Türrahmen eines Bungalows stand wie ein Engel im Himmelstor Shamiega, die Tochter von Dinnie. „Komm rein! Was für ein Sturm!" Ich rannte los, stolperte über den aufgeplatzten Asphalt, fiel ihr fast in die Arme. Shamiega küsste mich lachend auf beide Wangen: „Salaam!" Dann zog sie mich durch den Flur ins Wohnzimmer der Familie: Zwölf sorgsam geschrubbte Quadratmeter Linoleum mit Schrankwand, Gummibaum, Sitzgruppe und TV, über dem Sofa hing eine Kalligrafie, über dem Fernseher ein Teppich mit dem Heiligtum von Mekka. Was die heimelige Bürgerlichkeit etwas störte, waren die grünen Plastiktüten, die wie ein gigantischer Moosteppich über Sofa und Sessel wucherten.

Shamiega grinste, als sie meinen Blick bemerkte. „Da drin sind die Uniformen", erklärte sie mir. „Meine Mutter arbeitet schon seit August daran. Ich bring' dich gleich mal zu ihr in den Schuppen, dann kann sie Maß nehmen. Und nachher schieb' ich uns eine Pizza in die Mikrowelle, okay?" Ich nickte, Shamiegas Herzlichkeit hatte etwas ungemein Entspanntes. Meine Nervosität schwand. Auch ihre Mutter, eine kompakte Frau mit Teddybär-Gesicht und Kopftuch, die im Schuppen mit ihrer Nähmaschine über einem Berg von Kunstseide wie ein lebendiges Arbeiterdenkmal thronte, begrüßte mich wie eine alte Freundin. „Welcome, my darling! Hast du gut hergefunden?" Wieder Küsschen, wieder Umarmung. Dann wickelte sich ihr Meterband wie ein flinkes Tierchen um meinen Körper, und ehe ich mich versah, schob sie mich wieder zur Tür: „Bei der nächsten Probe ist alles fertig, bring' 310 Rand für die Uniform mit, 50 für den Schirm, 35 für den Hut. Ich muss jetzt weitermachen. Ich schaff' das sonst nicht bis Neujahr ..."

Im Wohnzimmer hatte Shamiega für sich, mich und Moegamat, einen anderen Karnevalisten, der seine Uniform abholte, schon die Pizza warm gemacht und die Plastiksäcke so weit zur Seite geschoben, dass wir uns aufs Sofa setzen konnten. Auf ihren Knien lag ein Fotoalbum mit den Bildern der letzten Umzüge. Wir aßen und blätterten: singende, tanzende, trompetende Starlights. Dazwischen immer wieder: Dinnie. Mit Handy am Ohr. Mit Pokal in der Hand. Beim Händeschütteln mit anderen Truppenchefs. „Seit mein Vater arbeitslos ist, ist der Karneval alles für ihn", sagte Shamiega. „Er steckt die ganze Energie in die Truppe. Sorgt dafür, dass alle zu den Proben kommen, keine Drogen nehmen. Kein Wunder, dass wir jedes Jahr gewinnen ..."

„Ich wusste gar nicht, dass dein Vater arbeitslos ist. Kommt ihr denn einigermaßen über die Runden?"

Shamiega wiegte den Kopf. „Na ja, geht so. Mein Mann und ich haben zum Glück Jobs und können meine Eltern unterstützen. Eine Stelle zu finden ist zurzeit nicht so einfach ..." – „Und weißt du, warum?", platzte Moegamat dazwischen und stellte seinen Teller mit einem Knall auf den Tisch. „Wegen der verdammten Förderprogramme der ANC-Regierung! Den Schwarzen werden die Jobs und Posten ja nur so hinterhergeworfen. Und wir Coloureds gucken in die Röhre! Erst wurden wir unterdrückt. Jetzt übergeht man uns. Eine Schweinerei ist das! Da ging's uns während der Apartheid fast besser. Da herrschte wenigstens Ordnung, wir hatten alle Jobs. Und jetzt? Mord und Totschlag!"

Moegamat brüllte jetzt fast. Shamiega legte ihm beruhigend die Hand auf den Arm: „Hast ja Recht, hast ja Recht ..." Dann wandte sie sich zu mir. „Moegamat meint das Problem mit den Gangs und den Drogen. Hast du schon mal von Tik gehört?" Ich nickte. Tik ist die südafrikanische Bezeichnung für die chemische Droge Meth. Aus Zutaten wie Rattengift, Batteriesäure und WC-Duftstein lässt sich das Pulver auch zuhause spottbillig herstellen. Angeblich haben acht von zehn Schulkindern in den Cape Flats schon damit experimentiert.

„Tik ist hier ein Riesenproblem", sagt Shamiega. „Vor allem unter den Teenagern. Es macht die Kids total aggressiv, sie werden richtige Monster. Manche Junkies gehen mit Messern auf ihre Mütter los oder klauen die ganze Wohnung leer, um an Geld zu kommen. Hast du vorhin die Jungs auf der Veranda gesehen? Das waren so welche. Die treffen da immer ihren Dealer. Die Polizei macht zwar Razzien, aber die Leute schützen die Dealer, weil sie Angst haben ..." Sie seufzte.

„Wieso zieht ihr nicht von hier weg?"

„Wo sollen wir denn hin? In die Cape Flats? Da ist es noch schlimmer. Da kontrollieren die Gangs ganze Viertel. Und wenn es dunkel ist, darfst du nicht mehr auf die Straße, sonst gerätst du in die Schießereien zwischen den verfeindeten Gangs. Außerdem bin ich hier geboren, ich liebe Woodstock. Mein Vater sagt immer: Wir dürfen nicht zulassen, dass sie uns das Viertel wegnehmen." Sie klappte das Album zu und lächelte. „Aber du wirst sehen: Am 2. Januar haben die hier nichts zu melden. Da gehört Woodstock uns!"

Es war fast Mitternacht, als ich zuhause ankam. Ich zog mir einen Stuhl ans Fenster und starrte auf die Lichter der Lastkähne auf dem Meer. Konnte es tatsächlich sein, dass sich für Menschen wie Shamiega und Moegamat seit 1994 kaum was geändert hatte? Erst hatten ihnen die Apartheid-Gesetze das Leben schwer gemacht, jetzt drangsalierten sie Gangster und Drogenbosse. Moegamat hatte in seiner Wut sicher übertrieben. Doch aus Südafrika ein für alle lebenswertes Land zu machen schien schwieriger als vermutet. Wie kurios, dass sich Moegamat sogar nach der Apartheid zurücksehnte. Wobei: Gab es nicht auch Deutsche, die von der Vollbeschäftigung in der DDR schwärmten?

Der Dezember schritt voran, es wurde heißer und heißer, und die Bewohner von Sea Point beschäftigte bald ein sehr spezielles Problem. „Diese Johannesburger", schimpfte Venetia regelmäßig, wenn sie vom Einkaufen zurückkam. „Wieso glauben die eigentlich, man läuft bei uns im Supermarkt barfuß rum? Nur weil der Laden ausnahmsweise nicht wie bei ihnen inmitten von Highways steht, sondern am Strand?"

In der Tat: Spätestens seit dem 16. 12., dem landesweit gefeierten Reconciliation Day, stauten sich in Kapstadt die Autos mit GP-Kennzeichen. Die Buchstaben standen für Gauteng, die Provinz rings um Johannesburg. Dort war es jetzt genauso heiß wie in Kapstadt, es regnete aber auch besonders häufig, schließlich lag Johannesburg tausend Kilometer näher am Äquator. Für die festive season von Mitte Dezember bis Mitte Januar pilgerte deshalb die Hälfte Gautengs gen Süden. Und besonders gerne, so schien es zumindest den Capetonians, an die Strände rund um den Tafelberg. Statt über Schießereien und ANC-Querelen berichtete die Cape Times nun über kollabierende Strandurlauber. Alle paar Tage wurde ein neuer Big White, ein weißer Hai, in der Bucht von False Bay gesichtet. Einmal wurde sogar ein Tourist mit Haut und Haaren verschluckt. Die Polizei stockte ihre Teams um Beamte auf, die sich ausschließlich um das Konfiszieren von Alkohol an den Stränden kümmerten, und wer abends mit dem Auto unterwegs war, geriet fast immer in einen road block, eine Straßensperre, gern mit Alkoholtest. Kurzum: Auf der Kap-Halbinsel herrschte Ausnahmezustand.

Von Stille und Einkehr war bei so einem Trubel natürlich wenig zu spüren. Zwar blinkten über den Straßen Armeen von Nikoläusen, im Supermarkt lief „White Christmas" und auf der Promenade schwankte sogar eine dürre Drahttanne im Seewind. Weil sich darunter aber den ganzen Tag braun gebrannte Surfer in die Brandung stürzten, Fotografen Bikinimodels über die Felsen scheuchten und Eisverkäufer lärmende Großfamilien mit Stangeneis versorgten, erinnerte die Szene eher an Jahrmarkt als an Endjahres-Idylle.

„Weihnachten verbringen wir hier auf keinen Fall", knurrte Max eines Morgens. Es war der 3. Advent, und wir standen mal wieder im Stau zwischen Sea Point und Camps Bay. Rechts und links zogen die mit Getränkekisten bepackten Massen gen Strand. Aus den Autofenstern dröhnte ein abenteuerlicher Mix aus „Die Antwoord" und „Ladysmith Black Mambazo". „Wie wär's mit einem Ausflug in die Drakensberge?", schlug ich vor. Das Gebirge an der Grenze zu Lesotho stand ganz oben auf meiner Reiseliste. Angeblich hatte sich J. R. R. Tolkien von den bizarr geformten Felskuppen zur Landschaft von „Mittelerde" inspirieren lassen. Und auf dem fast dreitausend Meter hohen Sani-Pass sollte es sogar nur 15 Grad haben! Gab es einen besseren Ort, um Weihnachten einen Hauch nördlicher Romantik abzutrotzen?

Leider waren wir nicht die Einzigen, die so dachten. Als wir versuchten, in der Gegend ein Zimmer zu bekommen, war alles längst ausgebucht. Spontaneität, so lernten wir, war mal wieder eines dieser grundfalschen Klischees, das man als Deutscher gern über Völker pflegt, die ein paar Meter weiter südlich wohnen als man selbst. Die festive season plante man auf jeden Fall akribischer als eine deutsche Vereinssitzung.

Wir landeten schließlich in der Wüste. Genauer: in der Großen Karoo. Vor Jahrhunderten waren durch die Hochebene nördlich der Swartberge noch Buschmänner gezogen. Heute bretterte über die N1 vor allem LKW-Verkehr. Rechts und links davon war die Landschaft jedoch unberührt. Und – welch unwiderstehliche Vorstellung! – fast menschenleer. Am 21.12. füllten wir den Kofferraum mit Grillfleisch und Weißwein, baten Venetia, über die Feiertage den Thymian auf unserer Treppe zu gießen, und verließen das Irrenhaus Kapstadt Richtung Beaufort West, Hauptstadt der Karoo.

Schon kurz hinter den Obstplantagen von Worcester wurde der Himmel hoch und das Land leer. Dürres Buschwerk krallte sich in rotes Gestein. Windräder schwankten im Wind. Am Horizont flimmerte die Luft. Wir fotografierten jeden Strauß, den wir sahen, auch wenn er hundert Meter weit weg hinter einem Busch stand, und hörten Peter Gabriels „Biko" in Endlosschleife. Wir erfüllten wohl jedes Klischee des weißen Afrika-Touristen. Es war uns egal.

Das Camp des Karoo National Parc war genau, was wir

brauchten: ein paar Steinhütten mit Grill auf der Veranda, kaum Gäste, viel Platz. Für zwei Tage igelten wir uns in der Einsamkeit des Wüstentals ein. Wanderten tagsüber durch rostrote Berge und blickten auf ein Land, das uns so schrundig und leer erschien, als sei es eben geboren. Abends starrten wir stundenlang in einen Himmel, der nicht mehr aus einzelnen Sternen zu bestehen schien, sondern aus Wirbeln und Mustern. Und als wir das Gefühl hatten, unsere Köpfe könnten wieder mehr vertragen als Staub und Sterne, fuhren wir nach Matjiesfontein.

Matjiesfontein, ein Dorf auf halber Strecke zwischen Beaufort West und Kapstadt, war einer der merkwürdigsten Orte, die ich je gesehen hatte: Im Grunde bestand es nur aus einer einzigen Häuserzeile, aufgestellt wie eine Filmkulisse an der Bahnstrecke Kapstadt–Johannesburg, mitten im Ödland der Karoo. 1883 hatte sich hier ein ehemaliger Bahnvorsteher niedergelassen, um eine Marktlücke zu füllen: Es gab nämlich damals in den Zügen keine Speisewagen. Also baute er Matjiesfontein zur luxuriösesten Raststätte der Kapkolonie aus. Zwanzig Jahre lang stiegen hier Persönlichkeiten wie der Sultan von Sansibar ab, flanierten die einzige Straße rauf und wieder runter und nutzten die Zeit ansonsten, um prächtig zu tafeln. In den Wirren des 20. Jahrhunderts verfiel der Ort, erst in den 1960ern wurde er restauriert. Heute steht Matjiesfontein unter Denkmalschutz. Und genau so, als Teil eines sonderbar aus der Zeit gefallenen Schauspiels, fühlten wir uns, als wir am Heiligen Abend im Lord Milner Hotel speisten.

Draußen brannte noch die Wüstensonne. Doch drinnen war es dank zugezogener Vorhänge stockdunkel. Wir tappten in den Speisesaal und setzten uns mit Respektabstand neben den meterhohen Christbaum. Außer uns gab es nur wenige andere Gäste: eine Bikertruppe, eine Mutter mit pubertierendem Sohn und ein schwarz-weißes Männerpaar, das wir später in trauter Schweigsamkeit an der Bar wieder trafen. Punkt acht ertönte aus einem Lautsprecher an der Decke „Stille Nacht". Schwarze Kellner mit weißen Handschuhen näherten sich uns und fragten nach unseren Wünschen. Das Lamm servierten sie unter glänzenden Hauben, die Suppe in silbernen Schüsseln. Es war wie bei „Dinner for One". Nur dass sich wohl keiner getraut hätte, betrunken über irgendeinen Teppich zu stolpern.

Ich dachte ein letztes Mal an den Christstollen, den meine Eltern in Deutschland jetzt wohl anschnitten. An den Schnee, der die Landschaft immer so leise und festlich erscheinen ließ. Dann spülte ich den Kloß in meinem Hals mit einer halben Flasche Shiraz und drei eisgekühlten Amarula weg. Und als Max und ich um Mitternacht über die Dorfstraße spazierten, links von uns das hell erleuchtete Lord Milner, rechts die Häuser der Angestellten, die die Heilige Nacht mit dröhnendem Kwaito feierten, da war die Luft so samtweich und der Himmel so sternenübersät, dass sich Weihnachten im Hochsommer nur noch halb so schlimm anfühlte.

Eigentlich war es sogar richtig fabelhaft.

Südafrikanisch für Anfänger

Lektion 3: Feiern Sie Weihnachten à la Regenbogen!

Sie halten noch immer an Ihrem Vorsatz aus der letzten Lektion fest? Sie wollen noch immer das bunte Leben? Prima! Die festive season ist dafür nämlich die beste Gelegenheit. Beginnen wir mit dem Weihnachten der Weißen, also der Briten und Buren: Das wird Ihnen vertraut vorkommen, es ist europäisch geprägt. Weshalb man sich selbst bei dreißig Grad tapfer durch roasted turkey kämpft, Palmen mit Sprühschnee dekoriert und mit Nikolausmütze in den Park zieht, um bei den Carols by Candlelight mitzusingen. Sie wollen es musikalisch etwas anspruchsvoller? Dann hören Sie sich die Christmas Bands der Coloureds an: exzellente lokale Blaskapellen, die im Advent durch die Straßen des Western Capes ziehen. Aus ihnen rekrutiert sich gern die Kapstädter Jazzszene. Um das Weihnachten der schwarzen Südafrikaner zu erleben, reisen Sie am besten aufs Land. Zu den Hütten der Kindheit pilgern Ende Dezember nämlich nicht nur arme Township-Bewohner, sondern auch Mittelstandfamilien aus den Vororten, gestresste Großstadtsingles und die wenigen Superreichen. Klimatisierte SUVs rumpeln dann beladen mit Geschenken fürs halbe Dorf neben voll besetzten Minibussen über die Schotterpisten von Limpopo, Eastern Cape oder KwaZulu Natal. Im heimischen Kraal wird erst mal ordentlich geschlachtet. Dann isst und trinkt man bis zum Umfallen und ratscht auf IsiZulu oder IsiXhosa statt wie sonst auf Englisch. Sie haben Angst, spätestens jetzt wie ein Trottel danebenzustehen? Keine Sorge: Um Ihr Vokabular kümmern wir uns noch ...

Januar

Nach dem Ausflug in die Karoo hatte sich mein Kopf mit den verrutschten Jahreszeiten interessanterweise komplett arrangiert: barfuß laufen zum Jahresende? Völlig normal. Schoko-Nikoläuse im Hochsommer? Immer her damit! Mein Körper dagegen beharrte eisern auf seinen europäischen Gewohnheiten: Pünktlich zu Silvester kratze mein Hals wie von Schmirgelpapier gebürstet. „Wintergrippe", diagnostizierte meine Mutter aus dem verschneiten Bayern. „Mami, hier ist Sommer!" „Egal, du gehörst ins Bett. Oder willst du deinen Faschingsumzug absagen?" „Das heißt Coon Carnival! Außerdem ist Silvester, da leg' ich mich doch nicht ins Bett!" Schweigen. Dann ein mütterlich-resignierter Seufzer. „Ach, Schätzchen, du bist erwachsen, du musst wissen, was du tust ..."

Die Entscheidung fiel mir nicht schwer: Wir hatten dreißig Grad im Schatten und eine Einladung zur Silvesterparty unseres Freundes Matteo. Matteo, ein italienischer Fotograf, war wie so viele Journalisten 1994 nach Südafrika gekommen, um die ersten demokratischen Wahlen zu dokumentieren. Im Unterschied zu den meisten anderen war er aber geblieben. Mittlerweile besaß er nicht nur einen uralten Bakkie, zwei Surfbretter und eine abgewetzte Goema-Trommel, sondern auch ein Loft mit Balkon in einem der ehemaligen Lagerhäuser in der Innenstadt. Dort sollte die Feier stattfinden. Ich kühlte meinen fiebrigen Kopf unter der Dusche, versorgte den Hals mit „Strepsils extra" aus dem Supermarkt und die rote Nase mit einer Schicht Puder. Mothercity, here we go!

Jol nennt man in Südafrika das gepflegte Partymachen, und in Kapstadt, das hatten Max und ich schon herausgefunden, glich so ein Jol oft einer Weltreise im Kleinen. Man startete zum Beispiel mit einem indischen Lammcurry im stets knackvollen Masala Dosa auf der Long Street. Wechselte dann für einen Mojito an den Tresen des Cubana in Green Point. Und quetschte sich schließlich – gestärkt von einer Boerewors, einer scharf gewürzten Hackwurst, am Grill-Stand auf der Long Street – zwischen die zuckenden Leiber von Studenten aus halb Afrika in der Marvel Bar. Alles zusammen kostete weniger als einmal Essengehen in Hamburg, am teuersten war meist das Taxi nachhause. Aus Respekt vor den road blocks ließen wir das Auto nämlich fast immer in Sea Point. Das ersparte uns später auch den Gang durch die düstere Innenstadt zum Parkplatz.

Als wir gegen 23 Uhr an Matteos Tür klingelten, drängelte sich die Hälfte der Gäste schon auf dem Balkon. Eindeutig der beste Platz der Wohnung: Man hatte einen atemberaubenden Ausblick auf die Bürotürme der Innenstadt. „Fast wie New York, was?", rief Matteo stolz, als er uns in die Menge schob. Eigentlich noch besser, fand ich. Kapstadt am Abend war für mich die schönste Stadt der Welt. Denn egal, ob man am Hafen stand oder auf der Long Street, stets erhob sich hinter den Häusern der Tafelberg. An Festtagen wie diesen war er sogar beleuchtet. Wie eine Fata Morgana sah das aus. Und dann die Menschen: Beach Boys mit Surferbräune im Gesicht und Modelfreundin im Schlepptau. Schwarze Hipster, die sich die Haare zu asymmetrischen Afros hochgebürstet hatten. Langbeinige Grazien jeglicher Hautfarbe mit derart kurzen Minis, dass ich mich fragte, wie die Trägerinnen es schafften, den Stoff trotz South Easter über dem Schambereich zu halten. Ich selbst hatte das Tragen allzu kurzer Kleider nach ein paar bloßstellenden Windstößen entnervt aufgegeben. Kein Wunder, dass ich mir auf der Long Street manchmal vorkam wie ein Flusspferd unter Gazellen.

Auch die Gäste der Silvesterparty wirkten wie für ein Modeshooting gecastet. Und wie stets bei Matteo, einem großen Verehrer panafrikanischer weiblicher Schönheit, waren die meisten Damen schwarz. Seit er hier lebte, hatte Matteo ausschließlich schwarze Freundinnen gehabt. Es waren viele gewesen, denn keine Beziehung hielt länger als ein Jahr. Anfangs hatte ich dahinter ein tragisches Rassendrama vermutet: Sicher wurden Matteo und seine Liebsten ständig von unbelehrbaren Rassisten auseinandergetrieben! Doch die Lage war, mal wieder, komplizierter. Zum einen war Matteo wohl einfach kein besonders an Nestbau interessierter Typ. Homo surficus sollte eine Kapstädter Bekannte diese für die Kapregion typische Spezies mal taufen: ein sturmzerzaustes, sonnengebräuntes und welpenhaft charmantes Wesen, das seine Freundinnen häufiger wechselte als seine surf spots – freilich nie aus bösem Willen, sondern weil ihm die Mädels am Model-Arbeitsplatz Kapstadt wie von selbst vor die Füße plumpsten.

In Matteos Fall waren es natürlich schwarze Models. Trotz ihres berufsbedingten Jetset-Lebens waren die Damen jedoch meist traditionell sehr verwurzelt. Und das war Matteos eigentliches Problem. Seine letzte Gefährtin, eine Zulu, hatte ihn zum Beispiel trotz einjährigen Datens nie ihrer Mutter vorgestellt. Aus Angst, damit eine komplizierte Kettenreaktion auszulösen: Um Tratsch zu vermeiden, hätte Matteo möglichst bald um ihre Hand anhalten und mit den künftigen Schwiegereltern den Brautpreis, die Lobola, aushandeln müssen. Anschließend hätte man unverzüglich die Nachbarschaft, in diesem Fall halb Meadowlands, Soweto, zur Hochzeit geladen. Dem Paar erschien das etwas übereilt. Also verschwieg man die Beziehung so lange, bis genau diese Heimlichtuerei die Liebe schwinden ließ. Die Trennung verlief melodramatisch und erforderte mehrere alkoholgeschwängerte Krisengespräche zwischen Max und Matteo. Entsprechend erfreut war ich, als Matteo mir nun seine neue Flamme vorstellte.

Nobuntu war fast zu perfekt, um real zu sein. Eine 25-jährige Zulu mit den Maßen einer Barbiepuppe und dem Verstand einer Einser-Studentin: Sie machte gerade ihren BWL-Master an der Witwatersrand University in Johannesburg. Deshalb wunderte ich mich auch, als sie mir schon nach kurzem Small Talk ihre eigentliche Leidenschaft verriet: „Beauty-Pageants".

Das Faible der Südafrikaner für Schönheitswettbewerbe aller Art war mir schon länger aufgefallen: Egal, ob Obstbauern, Knastbrüder, Schwulenclub oder Metzgervereinigung – jede noch so winzige Randgruppe kürte hier unaufhörlich irgendwelche Beauty Queens oder Kings. Sogar mir waren Flyer für „Bikini Model Contests" in die Hand gedrückt worden. Doch mal abgesehen davon, dass ich gegen die hiesigen Strandnixen ohnehin keine Chance gehabt hätte: Was wollte eine vernunftbegabte Person bei einer bierseligen Fleischbeschau? Nobuntu sah das anders. „Ach, weißt du", sagte sie und rührte anmutig in ihrer Caipirinha. „Für mich ist das ein enorm wichtiger Schritt in meiner Karriere. Durch die Wettbewerbe lerne ich, mich vor Publikum zu bewegen, und treffe einflussreiche Leute. Und mit den Preisgeldern und Modelverträgen finanziere ich mein Studium. Meine Mutter war ihr Leben lang Putzfrau. Ich habe ihr versprochen, so schnell es geht, fertig zu studieren und einen Job zu finden. Dann werde ich heiraten, zwei Jahre viel Geld verdienen und ihr in unserem Dorf in Mpumalamga ein Haus bauen. Und dann will ich Kinder. Mindestens drei!"

„Doch nicht etwa mit Matteo?" Die Frage war mir so rausgerutscht. Am liebsten hätte ich mir auf die Zunge gebissen. Nobuntu senkte verlegen ihre Rehaugen und rührte etwas heftiger in ihrem Glas. „Das kann man ja jetzt noch nicht sagen, oder?" Dann strahlte sie mich an: „Ich mag ihn aber schon sehr ..." Ich schluckte weitere destruktive Kommentare herunter und holte uns erst mal zwei weitere Drinks.

Um Mitternacht standen Max und ich auf dem Balkon. „Five, four, three, two, one – Happy New Year!" Max küsste mich: „Auf uns! Und auf Südafrika!" Über dem Hafen explodierte jetzt der Himmel: rote Sträuße, goldene Funken, grüne Spiralen. Sonst blieb die Stadt dunkel, privates Feuerwerk war verboten. An Max gelehnt starrte ich auf die Lichter. Eigentlich war gerade alles perfekt. Wir waren zusammen in Kapstadt. Wir gingen uns trotz gemeinsamer Wohnung noch nicht auf den Wecker. Und wir würden noch fast ein ganzes Jahr dieses Land entdecken dürfen. Trotzdem fühlte ich mich nach dem Gespräch mit Nobuntu seltsam unruhig. Nicht wegen der Sache mit Matteo. Der würde ihr Herz schon nicht dauerhaft brechen. Dazu war sie zu zielstrebig.

Doch genau darum beneidete ich sie. Für sie war die Richtung, in die es gehen sollte, so klar. Alles, was sie tat, war daraufhin ausgerichtet. Kein Zweifeln, keine Sinnfragen. Ich hingegen stand noch immer an diesem bescheuerten Schwimmbadrand, ein Platz, für den Nobuntu wahrscheinlich alles Menschenmögliche geben würde, und wusste nicht, wohin ich nach dem Jahr springen sollte. Weil ich fürchtete, unter den vielen tollen Sprungblöcken vielleicht den falschen zu wählen? Weil ich glaubte, der beste Zeitpunkt würde noch kommen? Es war ein Luxusproblem, und es war mir gerade hier, in Südafrika, absolut peinlich. Doch es ließ mich nicht los.

Am nächsten Morgen brach die Erkältung richtig aus. Fiebernd lag ich im Bett und versuchte, trotz Hitze ein paar Stunden zu schlafen. Den morgigen Karneval abzusagen kam auf keinen Fall in Frage. Max wurde zum Helden. Er kochte Tee, karrte sämtliche rezeptfreien Grippemittel aus dem Supermarkt an und machte mir ein schlechtes Gewissen: Was grämten mich irgendwelche Schwimmbäder? War es nicht wichtiger, wer mit einem am Beckenrand stand?

Am nächsten Tag war es noch ein paar Grade heißer, meine Stirn aber zum Glück wieder kühl. Zum ersten Mal legte ich meine Karnevalsausrüstung an: Uniform, Hut, Schirm, weiße Turnschuhe. Max brachte mich in die Cornwall Street.

Ich erkannte das Viertel nicht wieder. Überall wuselten bunt gekleidete Karneval-Leute, übten Tanzschritte, posierten für Handykameras, stimmten die Trompeten. An den Wäscheleinen über den Straßen, an Laternenpfosten und Autoantennen flatterten Stofffetzen in den Truppenfarben: Schwarz, Rot, Gelb. Ich kam mir vor wie bei einem deutschen Länderspiel.

„Hello, my darling, soll ich dich schminken?" Ein kleiner Mann im weißen Kittel hielt mir ein Brett mit Farbklecksen unter die Nase: „Ich bin Yussuf, der Truppenmaler. Und du bist die deutsche Journalistin, stimmt's?" Dinnie hatte mein Kommen anscheinend in ganz Woodstock angekündigt. Doch egal, Yussuf schickte der Himmel. Farbe im Gesicht war genau das, wonach ich mich die ganze Zeit gesehnt hatte. Dass mich jeder sofort als Whitey identifizierte, hatte mich schon bei den Proben genervt. Zwar gab es nie blöde Sprüche. Doch das Gefühl, anders zu sein als die Mehrheit, hatte ich noch nie so stark empfunden wie in den letzten Wochen. Es war ein Gefühl, das ich von Deutschland nicht kannte. Dort war es eher immer andersherum gewesen: Gerade als Studentin hatte ich alles Mögliche probiert, um aufzufallen: krasse Haarschnitte, originelle Klamotten, exzentrischer Musikgeschmack. Mit seiner Hautfarbe herauszustechen, war eine ganz andere Nummer. Da hatte man keine Wahl. Erregte immer Aufsehen. Mich machte das extrem unsicher.

Ich gab Yussuf zehn Rand. Dafür pinselte er zehn Minuten wild in meinem Gesicht herum. Am Ende reichte er mir einen Spiegel. Ein schwarz-rot-gelber Stern mit zwei Augen blickte mich an. Nur am Rand blitzte ein dünner Streifen weißer Haut. Ich fühlte mich sofort besser.

Vor der Fahrt in die Innenstadt gönnten wir uns ein Heimspiel. Wir marschierten durch Woodstock. Vorneweg Kapelle, Tanztruppe, Akrobaten und der Moffie, ein als Frau verkleideter junger Mann, der aufreizend mit dem Po wackelte. Dann kamen wir: ein chaotischer Haufen aus aufgekratzten Teenies, steifhüftigen Opis und Müttern mit Kinderwägen. Zum ersten Mal sah ich die ganze Starlights-Familie zum Rhythmus der Goemas trippeln. Alle hatten sich untergehakt, ein Menschenknäuel, das zuckte und wackelte. Im Klammergriff einer stämmigen jungen Frau versuchte ich, einigermaßen Schritt zu halten, wedelte mit meinem Schirmchen, schwitzte wie in der Sauna und hoffte inständig, dass Schminke und Kondition wenigstens bis zur offiziellen Parade halten würden. Denn Schwächeln war vor so einem Publikum nicht drin: Mütter hielten ihre Babys aus den Fenstern, damit sie uns sahen. Kinder tanzten auf Blechschuppen. Ein alter Mann mit Eisbeutel auf dem Kopf salutierte uns auf seiner Veranda. Keine Frage: In Woodstock waren die Starlights die Helden.

Wir zogen bis zur Victoria Street. Von dort aus kutschierten uns gemietete Busse durch eine Stadt im Ausnahmezustand: Karnevalisten in glitzernden Uniformen hüpften und tanzten überall. Dazwischen versuchten Polizisten, die Zuschauerströme einigermaßen geordnet zur Grand Parade zu leiten. Dort, auf dem wichtigsten Versammlungsplatz der Stadt, würde der Umzug beginnen.

An der Castle of Good Hope, Kapstadts großer Festung aus dem 17. Jahrhundert, formierten wir uns in Viererreihen und hakten uns unter. Ein letztes Mal schritt Diennie die Truppe ab. Dann gellte die Stimme des Moderators vom Rathaus: „The Fabulous Woodstock Starliiiiiiights!"

Unser Startschuss. Wir rannten los, in weiten Schlangenlinien der Kapelle hinterher. „Ons is the Woodstock Starlights!", brüllte der Alte zu meiner Linken. „Heppie!", jubelte das Mädchen rechts neben mir. Aus den Augenwinkeln sah ich die Zuschauer hinter den Absperrgittern toben. Manche hatten hier übernachtet, um uns besser zu sehen: einen schwarz-rot-gelben Drachen, der wie entfesselt durch die Straßenschluchten peitschte.

Es war eine Invasion. Nein, ein Triumphzug! Straße um

Straße stürmten wir die Stadt und ihre Geschichte: die Grand
Parade, wo Mandela vor dem Rathaus nach seiner Freilassung
vor Tausenden gesprochen hatte. Die Adderley Street mit der
Slave Lodge, dem einstigen Sklavenverkaufsplatz. Und dann,
natürlich, die Wale Street, wo sich bei Desmond Tutus Gottesdiensten in der St.-George's-Kathedrale am Ende alle Rassen
verbündetet hatten. Ein mächtiges Glücksgefühl hämmerte in
meiner Brust: Ich bin dabei! Ich gehöre dazu!

Dann rempelten wir plötzlich gegen die Reihe vor uns. Der
Zug stockte. „Was ist los?"

Keiner wusste Bescheid. Wir setzten uns erst mal auf die
Straße. Erst jetzt spürte ich, wie weich meine Knie waren. Gie-
rig saugte ich an meiner Wasserflasche. Aus den Augenwinkeln sah ich Shamiega, die Tochter von Diennie. Sie marschierte durch die Reihen und verteilte Getränkedosen. Ich setzte
meine Flasche ab und winkte: „Shamiega, was ist los?"

„Kristina! Da bist du ja!" Shamiega kam herübergelaufen
und setzte sich neben mich auf den Bordstein. „Hast du schon
gehört? Sie haben Bo-Kaap gesperrt, das alte Viertel der Kapmalaien. Der Zug sollte dort enden. Doch angeblich gab es
Beschwerden wegen des Lärms." Sie fuhr sich durch die ver-
schwitzten Haare und schnaubte verächtlich. „Ich wette, das
waren die Amis", sagte sie dann. „Die kaufen schon seit Jahren die Häuser dort auf. Und wir müssen jetzt von dort verschwinden. Genau wie früher. Ist das nicht unglaublich?" Ich
beeilte mich, empört zu nicken. Shamiega sah mich prüfend
an. „Wir fahren jetzt zurück in die Cape Flats. Willst du mit?"
Ich zögerte: Eigentlich hätte ich mir am liebsten ein Taxi gerufen. Ich war von der Grippe erschöpft, außerdem ging bald die
Sonne unter, nachts war ich noch nie in den Cape Flats gewesen. Doch dann blickte ich auf Shamiega und mir war klar:
Kneifen war jetzt unmöglich. „Klar. Bin dabei."

Es wurde der beste Teil des Umzugs. Untergehakt mit
Shamiega und ihren Freundinnen marschierte ich durch die

Baracken von Manenberg, tanzte über die Straßen von Heideveld und stand beim Konzert des Truppenchors auf der wackeligen Jahrmarktbühne von Mitchell's Plain. Zwischendurch lud man uns vor der Garage eines Truppenmitglieds ab, aus einem fassgroßen Topf schaufelten Frauen jedem eine Portion Malay Curry auf einen Pappteller. Wir aßen mit den Fingern. Es schmeckte köstlich.

Gegen Mitternacht saß ich endlich im Taxi. Verschwitzt, mit zerflossener Schminke und vermutlich strengem Curry-Odeur. Der Fahrer öffnete auf jeden Fall sofort hektisch das Fenster. Als wir an Bo-Kaap vorbeifuhren, sah ich die hübschen gregorianischen Häuschen im Mondlicht schimmern. Schön sah das aus, wie eine Zauberstadt. Doch, ha! Von Bo-Kaaps Charme würde ich mich nun nicht mehr blenden lassen. Die Fronten waren klar. Ich war jetzt ein Coon.

Der Januar näherte sich seinem Ende und allmählich fühlte ich mich in Sea Point zuhause. Sogar das Möwengezeter morgens um sechs fand ich inzwischen praktisch. Denn nicht nur die Möwen, auch die Südafrikaner schienen extreme Frühaufsteher zu sein. Spätestens um sieben war auf der Main Road die Hölle los. Dicht besetzte Minitaxis bahnten sich hupend ihren Weg durch den Berufsverkehr. Fast alle Läden waren geöffnet. Dafür machten viele schon um 15 Uhr Feierabend. Ab fünf war dann meist keiner mehr im Büro zu erreichen, sondern stand im Stau Richtung Townships und südliche Vororte.

Ich fuhr die Strecke zum Glück meist nur samstags. Da fanden im Stadion von Athlone die Wettbewerbe der Karnevalstruppen statt, bei denen ich im Starlights-Fanblock auf der Tribüne saß und mein Hütchen schwenkte. Denn ja: Auch ich fuhr nun Auto. Und hatte sogar schon mein erstes Knöllchen wegen zu schnellen Fahrens bekommen – für lichtgeschwindigkeitsnahe 80 km/h. Wenn die südafrikanische Polizei nämlich eins beherrschte, dann das Blitzen von Temposündern.

„Die sollen sich lieber um die richtigen Gangster kümmern", knurrte Venetia, als ich ihr, fast stolz, den Strafzettel mit meinem verschwommenen Porträt zeigte. „Hast du vom Hammer-Mörder in Kayelitsha gehört?"

Nein, hatte ich nicht. Doch das war nicht weiter schlimm, weil uns Venetia gern täglich und ausführlich über die neuesten Lustmorde, Ladeneröffnungen und Liebesgeschichten im Großraum Kapstadt informierte. Was mich am Anfang irritiert hatte (mit meinen Hamburger Nachbarn hatte ich eher eine distanzierte Zunick-Beziehung gepflegt), fand ich inzwischen völlig normal: Südafrikaner kommunizierten einfach gern. Das fing schon mit dem Begrüßungsritual an: Ohne „Hi, howzit?" – „Fine, thanks, and you?" – „Can't complain, thanks."-Einleitung brauchte man gar kein Gespräch zu beginnen. Anfangs fand ich das ständige Rumgefloskel komisch, doch bald wurde „Hi, howzit?" mein ständiger Begleiter. Die Worte waren wie eine Zauberformel: Sie machten den Alltag auf faszinierende Weise unkompliziert und, das musste selbst eine Small-Talk-Hasserin wie ich zugeben: irgendwie menschlicher.

Auch das Zusammenwohnen mit Max gestaltete sich angenehmer als erwartet. Klar, meinen eigenen vier Wänden trauerte ich manchmal schon hinterher. Doch meist fand ich es schön, jemanden um mich zu haben, mit dem ich die ganzen neuen Erlebnisse teilen konnte. Es gab nur ein Thema, bei dem wir uns ständig in die Haare gerieten: das Putzen. Wir waren beide keine großen Saubermänner, trotzdem bekamen wir angesichts wachsender Fusselberge regelmäßig schlechte Laune. Als wir das dritte Mal gestritten hatten, wer diese Woche das Bad schrubben musste, fällten wir einen Entschluss: Wie so viele Südafrikaner würden wir eine domestic worker engagieren, eine Haushaltshilfe.

Unsere Vermieterin Ruth hatte uns das schon öfter ans Herz gelegt – mit einer eigenwilligen Begründung: „Der ANC kriegt es ja nicht hin, Jobs zu schaffen. Also müssen wir das übernehmen ..." Ihre Haushälterin Venetia hatte bei den Worten zwar wild die Augen verdreht. Sie gab uns aber die Nummer von Sylvia, die bereits für unsere Vormieter gearbeitet hatte: „Sylvia hat schon gefragt, ob ich keinen wüsste, der eine Putzfrau sucht. Ihre älteste Tochter ist gerade schwanger, mit neunzehn, der Typ hat sich natürlich aus dem Staub gemacht wie auch Sylvias Mann. Sie sucht wirklich eine Arbeit."

Und so tapste ab sofort jeden Dienstag eine rundliche, kleine Xhosa-Dame auf Strümpfen durch unsere Wohnung, summte beim Bettenmachen vor sich hin und trank jede Stunde eine Tasse Nescafé mit drei Löffeln Zucker. Sylvia wohnte mit ihren beiden Töchtern und ihrer Schwester in Nyanga, einem der ältesten Townships Kapstadts, und ihr Leben war tatsächlich kein Sonntagsspaziergang: Die älteste Tochter war unehelich schwanger, die jüngste ständig krank. Die Mutter lebte in einer Hütte ohne Strom im tausend Kilometer entfernten Eastern Cape, von wo auch Sylvia stammte, und musste zusätzlich durchgefüttert werden. 140 Rand, umgerechnet etwa 15 Euro zahlten wir ihr für vier Stunden, das Dreifache des durchschnittlichen südafrikanischen Stundenlohns. Trotzdem schien sie unentwegt unter dramatischen Engpässen zu leiden. Mal war ein Onkel gestorben, und sie musste per Translux-Überlandbus zur Beerdigung ins Eastern Cape fahren, mal kamen Verwandte zu Besuch, die bekocht werden wollten. „It's not easy, it's not easy", sagte sie fast immer, wenn ich sie fragte, wie es ihr ging. Dann wackelte sie bekümmert mit dem Kopf und erzählte von den Schulgebühren ihrer Jüngsten oder von den Medikamenten, die die schwangere Tochter benötige. Meist eilte ich dann sofort in mein Zimmer und holte zehn Rand. Ich ahnte zwar dunkel, dass nicht alle von Sylvias Geschichten stimmen konnten, und vermutlich sorgte mein Spendenautomatismus dafür, dass sie ihre unterwürfige Haltung gegenüber Weißen nie aufgeben würde. Doch sie verkörperte so perfekt mein Klischee vom geknechteten schwarzen Afrika, dass ich einfach nicht anders konnte: Es mag albern klingen, doch Sylvias Trinkgeld war für mich ein bisschen wie eine Wiedergutmachungszahlung. Ein General-Ablass für die Kolonialverbrechen meiner Vorfahren, die restriktive Handelspolitik der EU und alle sonstigen Ungerechtigkeiten, wegen derer ich mich als Weiße gegenüber Afrika mitunter diffus schuldig fühlte.

Wie mochten bloß die weißen Südafrikaner mit ihrem Gewissen zurande kommen, wenn es schon mich so arg plagte?

Südafrikanisch für Anfänger

Lektion 4: Ziehen Sie sich anständig an!

Lassen Sie sich mal anschauen: T-Shirt, Shorts, Flip-Flops ... Perfekt, damit kommen Sie fast überall rein. Südafrikaner kleiden sich nämlich gern leger. Zumindest in ihrer Freizeit. Und wenn sie weiß sind. Auch ältere Männer rennen dann am liebsten in Shorts herum, gern mit Vollbart und ohne Schuhe. Landfrauen mögen's ebenfalls unkompliziert. In den Städten, speziell in Kapstadt, sollte man als Frau aber lieber in einer der vielen Boutiquen präventivgeshoppt haben, um abends nicht negativ aufzufallen. Im Zweifel immer gut: Mini, nackte Beine, lange Mähne. Apropos Haare: Die sind vor allem für schwarze Frauen sehr wichtig. Und Quell leidiger Konflikte: Soll man die Pracht chemisch glätten, in Zöpfchen flechten, abrasieren oder als Afro tragen? Die meisten Südafrikanerinnen besitzen zudem diverse Haarteile und Perücken, die sie je nach Laune einflechten oder aufsetzen. Im windigen Kapstadt ist das nicht immer ungefährlich: Die TV-Reporterin Nikiwe Bikitsha schrieb mal eine herrliche Kolumne über ihre Angst, bei einer Live-Übertragung vor dem Parlament plötzlich mit dem Präsidenten ihrer Perücke hinterherrennen zu müssen. Ein ähnlich bewegtes Kapitel: Township-Mode. Besonders die aus Soweto. Inspiriert von Stil-Ikonen wie Winnie Madikizela-Mandela entwickelten dort Labels wie Sun Goddess um die Jahrtausendwende den Afro-Chic-Stil: farbenfrohe Stoffe, traditionelle Elemente, moderne Schnitte. Einziger Haken: An Weißen sehen die Kleider oft bescheiden aus. Da fehlt nämlich nicht nur der dunkle Teint, sondern, zumindest bei Frauen, auch leider der passende Po.

Februar

STEHT EIN RIND IM EASTERN CAPE und schubbert die Flanke am Kühler eines Autos. Drin sitzt eine Frau, die sich nicht zu hupen traut, weil ringsherum noch zehn weitere Rinder drängeln. Die Rinder haben Hufe. Das Auto hat empfindlichen Lack. Die Frau hat Angst. Die Frau bin ich.

Ich war in die Heimat von Nelson Mandela gereist, weil ich über die Arbeit einer südafrikanischen Menschenrechts-NGO berichten wollte. Außerdem war ich neugierig auf die Welt, aus der unsere Putzfrau Sylvia stammte: Wie lebte man in dem „Land mit rollenden Hügeln, fruchtbaren Tälern und tausend Flüssen", das Mandela in seiner Autobiografie „Langer Weg zur Freiheit" so lyrisch beschrieb?

Durch die Reise hoffte ich, Sylvia und ihrem Leben etwas näher zu kommen. Über unsere aus Sprachgründen etwas wortkargen Unterhaltungen schien mir das nämlich schwierig. Und für die Frage, ob ich sie mal nach Nyanga begleiten durfte, fehlte mir der Mut. Vielleicht würde es helfen, wenn ich eine Seite ihres Lebens bereits erforscht hätte?

Wie die meisten Xhosas, die in den Townships rund um Kapstadt lebten, war auch Sylvia in einer der pink- oder türkisfarben gestrichenen Rundhütten geboren, die die Hügel zwischen Indischem Ozean und Drakensbergen wie Konfetti sprenkelten. Fast jeder besaß hier einige Rinder und baute etwas Gemüse an, doch davon ließ sich schon lange keine Familie mehr ernähren.

Wer Geld dazuverdienen wollte, wanderte deshalb aus, nach Kapstadt oder Durban. Hof, Kinder, Eltern ließ man zurück. Kurz vor Weihnachten karrten dann regelmäßig Flotten von Minibus-Taxis und Translux-Bussen halb Kayelitsha oder

Nyanga mit Tüten voller Geschenke in die Dörfer. Nach den Feiertagen ging es denselben Weg zurück.

Es war ein Leben im Dazwischen. Stadt und Land. Single-Leben und Familie. Moderne und Tradition. Die Geschichte, die ich recherchieren wollte, handelte von den Folgen dieses Pendelns: von auseinandergerissenen Familien und vereinsamten Dörfern, von Gewalt und Aids. Auch wenn es viele Mut machende Initiativen gab, war es doch eher ein düsteres Thema. Deshalb war ich am ersten Abend auf die Hügel neben dem Hauptdorf des Qumbu-Distrikts gefahren, wo die Geschichte spielen würde, um ein paar Fotos zu machen. Als Gegensatz zu den Problemen wollte ich die friedliche Schönheit der Landschaft festhalten: die Ketten sanft geschwungener Hügel. Das wogende Gras. Die Hütten mit ihren kegelförmigen Grasdächern. Als ich die Kuppen erreichte, ging die Sonne gerade unter und tauchte alles in goldenes Licht. Ich staunte und knipste und vergaß völlig die Zeit. Als ich aufbrach, war die Sonne hinter der letzten Hügelkette verschwunden. In einer Stunde würde es finster sein. Und dann standen auf dem Weg plötzlich die Rinder.

„Niemals hupen", hatte mir Thomas eingeschärft. „Wenn du hupst oder abrupt losfährst, geraten sie in Panik und treten gegen das Auto. Und wenn du aussteigst, treten sie dich. Am besten du wartest, bis sie von selbst verschwinden." Thomas war ein Mitarbeiter der NGO, über die ich schreiben wollte. Wir hatten uns heute Morgen am Flughafen von East London getroffen und waren per Mietwagen vier Stunden lang auf der N2 gen Osten gefahren. Mitten ins Gebiet der ehemaligen Transkei, eines der früheren Homelands. Hier hatte das Apartheid-Regime ab den 1950ern die Mehrheit der schwarzen Südafrikaner umgesiedelt. In den traditionellen Stammesgebieten sollten die Bantu, wie man die schwarzen Südafrikaner nannte, getrennt von Weißen und Coloureds quasi selbstverwaltet leben.

„Aber das war natürlich eine bewusste Fehlkonstruktion", erklärte mir Thomas während der Fahrt. „Die Homelands umfassten nur dreizehn Prozent der Landesfläche, obwohl die Schwarzen fast achtzig Prozent der Bevölkerung stellten. Viel zu viel Mensch und Vieh war also auf engstem Raum zusammengepfercht. Die Arbeitslosigkeit war hoch, viele Stammesführer korrupt. Unter den Folgen leidet das Eastern Cape noch heute." Er deutete auf die sandigen Rinnen, die das Grün der Hügel wie rote Adern durchzogen. „Siehst du die Gräben? Die stammen zum Beispiel von der Überweidung. Andere Einnahmequellen als die Landwirtschaft gibt's nämlich kaum. Jeder Zweite ist arbeitslos. Die Folgen sind die üblichen: Alkoholismus, Gewalt, Kriminalität." Er schwieg eine Weile und starrte aus dem Fenster. Dann seufzte er. „Trotzdem: Die Gegend ist für mich der schönste Fleck der Erde. Es ist einfach meine Heimat. Sieh nur, die Hügel, der Himmel ..."

Thomas selbst hatte die Apartheid in einem Township bei Port Elizabeth erlebt. In den 1980ern hatte er als Teenager gegen das Regime gekämpft, dann zwei Jahre im sambischen ANC-Exil eine militärische Ausbildung absolviert, später Theologie studiert und als Anti-Aids-Aktivist gearbeitet. Seit drei Jahren versuchte er sich nun an einer mindestens ebenso schwierigen Mission: In abgelegenen Dörfern predigte er die Vorzüge der Gleichberechtigung von Männern und Frauen.

„Viele Probleme, die wir heute haben, hängen nämlich mit der Rolle zusammen, die der südafrikanische Mann noch immer glaubt, spielen zu müssen", dozierte er, während wir durch die Schluchten am Kei-Fluss kurvten. „Frag' die Kumpels meines Sohnes: Nur wer dicke Autos hat, sich immerzu prügelt und jede Nacht eine andere vögelt, gilt als wahrer Mann. Und das in einem Land, wo jede Minute eine Frau vergewaltigt wird und fast jeder Fünfte zwischen 15 und 49 Jahren HIV-infiziert ist! Manche behaupten dann, Machotum gehöre eben zur Zulu- oder Xhosa-Kultur. Bullshit! Unter den Weißen gibt's genauso viele Machos. Und wenn du mich fragst: Daran ist auch die Apartheid schuld. Die hat uns alle verroht. Doch das ist jetzt vorbei. Wir müssen endlich wieder Menschen werden. Down with racism! Down with sexism! Down with HIV!"

Selbst wenn ich anderer Meinung gewesen wäre: Ich hätte mich gehütet, Thomas zu widersprechen. Mein Beifahrer hatte die Statur eines Elefanten und eine Stimme, die die Fenster des Autos erzittern ließ. Das einzige Thema, das ihn nachhaltig zu verunsichern schien, war der Straßenverkehr im Eastern Cape. „Mind the robots!", schrie er, sobald wir uns einem winzigen Marktflecken näherten. Doch er meinte damit nicht die Ampeln, auf Südafrikanisch: robots. „Im Eastern Cape nennen wir auch die Rinder so", erklärte er. „Weil man unbedingt bremsen muss, wenn sie die Straße überqueren. Sonst gibt's Matsch."

Tatsächlich säumten immer wieder Kadaver die Straße. Kurz vor Mandelas Geburtsort Qunu lag sogar ein blutiger Schädel auf der Fahrbahn. Hunde nagten daran. Als wir uns näherten, zerrten sie ihre Beute in den Straßengraben.

In einem solchen Graben, erzählte mir Thomas, sei er kürzlich auch mal gelandet: Die Kollegin, mit der er unterwegs war, habe ein Rind etwas zu hektisch umkurvt. „Wir haben uns überschlagen! Ohne Gurt wäre ich heute tot. Solange ich neben dir sitze, fahren wir nicht schneller als 80 km/h!"

So geschah es. Insgeheim war ich über das Tempolimit ja ganz froh. Auf der Straße gab es nämlich nicht nur Rinder und Hunde, sondern auch dösende Esel, rasende Minibusse, spielende Kinder, eimertiefe Schlaglöcher und alle paar Kilometer eine durch eine komplizierte Ampelschaltung überwachte, jedoch menschenleere Baustelle. Ich kam mir vor wie im Fortgeschrittenenlevel eines irrwitzigen Computerspiels.

Die Rinder auf den abendlichen Hügeln von Qumbu waren freilich die bislang härteste Prüfung. Inzwischen waren sie noch näher herangerückt. Eine Kuh pullerte ungeniert vor die Stoßstange. Ich musste dringend hier weg. Versuchsweise schaltete ich den Motor aus und wieder an. Keine Reaktion. Stattdessen hob ringsum ein rhythmisches Malmen an: Die Kühe käuten seelenruhig wieder! Über den Hügeln färbte sich der Himmel schon lila. Sollte ich Thomas anrufen? Das käme nur im äußersten Notfall in Frage. Weiße fürchtet sich vor Kuh – mehr Klischee ging kaum. Ich prüfte trotzdem den Netzbalken auf meinem Handy-Display: Er war kaum zu sehen. Ich öffnete das Fenster. „Hey!", rief ich und kam mir wahnsinnig albern vor. „Haut ab!" Aus dem Halbdunkel rülpste es.

Eigentlich war ich auf die Kommunikation im Eastern Cape bestens vorbereitet. Seit vier Wochen lernte ich Xhosa, die Muttersprache jedes fünften Südafrikaners. Zum Beispiel von Nationalhelden wie Mandela. Oder, fast noch wichtiger: von Sylvia. „Ich gehe jetzt zum Xhosa-Kurs", hatte ich ihr stolz eröffnet, bevor ich zur ersten Stunde fuhr. „Dann können wir uns auch mal in deiner Sprache unterhalten!" „It's not easy ...", seufzte Sylvia und stützte sich mal wieder sorgenvoll auf den Staubsauger. Zumindest schüttelte sie diesmal nicht den Kopf. Ich interpretierte das als gutes Zeichen.

Xhosa, das sollte vielleicht erwähnt werden, ist eine sehr melodische Sprache. Ihr Klang erinnert an Orff-Instrumente: eine bunte Abfolge von kunstvoll geschnalzten Klicks und Klongs, dazwischen schwingende Vokalpassagen, dem Italienischen ähnlich. Wer einmal gehört hat, wie die Sängerin Miriam Makeba ihren „Click-Song", ein altes Xhosa-Hochzeitslied, vorträgt, kann sich kein sinnlicheres Kommunikationsmittel vorstellen.

Wer hingegen Zeuge wird, wie sich zehn weiße Sprachschüler zum Klicklaut-Üben am Xhosa-Pendant von „Fischers Fritz" versuchen, denkt eher an eine üble Zungenverletzung. „Walala Wasala", hatte uns unsere Lehrerin vorsorglich mit auf den Weg gegeben. „Das heißt: ‚Wer nicht wagt, der nicht gewinnt.' Ich will, dass das euer Motto wird. Egal, wie blöd euer Gegenüber schaut: Traut euch! Sprecht Xhosa, sooft es geht!"

In den folgenden sechs Doppelstunden korrigierte sie so ausdauernd unser Schnalzen und Zischen, bis uns zumindest die Begrüßungsfloskeln einigermaßen störungsfrei über die Lippen flutschten. „Kunjani?", fragte ich jetzt immer Sylvia, wenn sie zu uns kam: „Wie geht's?" – „Ndiphilele, enkosi", sagte sie dann. „Gut, danke. Kunjani kuwe – Und dir?" „Ndiphilele, enkosi." Ich bildete mir ein, dass sie dabei sogar ein bisschen lächelte. Vielleicht würden wir doch noch Freunde werden?

Zumindest vertraute sie mir eines Morgens beim gemeinsamen Zucker-Nescafé-Trinken ihren Xhosa-Namen an: Nomzukisi. „Sylvia haben mich erst die Lehrer in der Schule genannt." – „Ach", rief ich überrascht. „Soll ich dich dann besser Nomzukisi nennen?" – „Nein, nein", wehrte Sylvia ab. „Hier in Kapstadt rufen mich alle bei meinem englischen Namen. Oder sag' einfach Mama. Das Wort kennst du ja, oder?" Ich nickte. „Für die Xhosa sind alle Menschen Teil einer großen Familie", hatte uns die Lehrerin erklärt. „Selbst wenn man nicht wirklich miteinander verwandt ist. Frauen könnt ihr somit immer mit Mama oder, wenn sie unverheiratet sind, mit Sisi für Schwester ansprechen. Männer mit Tata für Vater oder Bhuti für Bruder."

Ich fand, das war eine sehr schöne Art, die Welt zu sehen. Und bis hierhin war Xhosa auch noch herrlich logisch und einfach. Schwierig wurde es erst, als die Grammatik hinzukam und die Klicklaut-Dichte von Stunde zu Stunde stieg. Meine Zunge fühlte sich nach dem Kurs nun oft an wie ein schlaffer Klumpen, meine Mitschüler jammerten ähnlich. Bis auf eine Ausnahme. Unangefochtener Schnellchecker unseres Kurses war ein schmaler Mittdreißiger mit dunklem Wuschelschopf, der seit der ersten Stunde neben mir saß: François.

„Sag' mal, bist du eigentlich Franzose?", hatte ich ihn nach der Vorstellungsrunde etwas naiv gefragt. „Dein Name ..." „Eish, nein!", rief er entsetzt. „Ich bin Afrikaaner!" Dann grinsend: „Aber irgendwo habe ich sicher auch einen Hugenotten in meinem Stammbaum, warte mal ..." Er tat so, als blättere er in einem imaginären Buch: „Mal sehen, ach ja: Ich glaube, mein Ururgroßvater mütterlicherseits war so einer. Zufrieden?" Ich nickte lächelnd. Von den französischen Protestanten, die Ende des 17. Jahrhunderts vor den Katholiken ans Kap geflohen waren, hatte ich schon gehört. Ihnen war der Wein der Region zu verdanken. Und die gute Küche. Wenn François tatsächlich solche Wurzeln hatte, war das ja vielleicht der Grund, weshalb er nicht so aussah, wie ich mir den Klischee-Buren vorgestellt hatte – blond, breit, bärtig?

„Und du, bist du Deutsche?", unterbrach François meine ethnologischen Betrachtungen. Jetzt war es an mir, erschreckt zu gucken: „Oje, ist mein Englisch so schlecht?" – „Nein, nein. Ich hab' nur viele Jahre in Brüssel gearbeitet und habe viele deutsche Freunde. Deshalb kam mir dein Akzent bekannt vor. Was machst du in Südafrika? Gefällt's dir hier?"

Von da an hatten François und ich den Kurs immer in einer der Studentenkneipen im nahegelegenen Observatory „nachbereitet". Will sagen: Wir lockerten unsere vom Zischlautüben verkrampften Kiefer mit Wein und erzählten uns, was wir außer Xhosa-Lernen sonst noch so trieben. François' Lebenslauf war ähnlich bewegt wie die Geschichte seines Landes: Nach dem Abi hatte er in Belgien studiert, dann einige Zeit als kreuzunglücklicher Investmentbanker in Luxemburg verbracht und seinen Job vor drei Jahren geschmissen, um in seine Heimat zurückzukehren und mit einem Freund eine Beratungsfirma zu gründen: Sie entwickelten Geschäftsideen für Unternehmen, die in den Townships tätig werden wollten. Einen Lieferservice für Tante-Emma-Läden etwa. Oder gesündere Snackprodukte als die unter ärmeren Südafrikanern so beliebten Chips. „Am Anfang war's echt schwer", sagte François. „Aber mittlerweile interessieren sich immer mehr Firmen für so was. Immerhin lebt die Hälfte der Südafrikaner unterhalb der Armutsgrenze. Der Markt ist also riesig. Allerdings haben wir schnell gemerkt, dass zumindest einer von uns dringend Xhosa sprechen muss. Die Wahl fiel dann auf mich. Sprachen fallen mir ja nicht so schwer …"

Das war maßlos untertrieben. François war unserem Kurs nicht nur stets um eine Lektion voraus. Er sprach neben Englisch und Afrikaans auch Deutsch, Flämisch und Französisch. „Meine Freundin ist Belgierin", meinte er entschuldigend, als ich angesichts der Aufzählung neidvoll seufzte. „Ihr solltet euch unbedingt mal kennenlernen! Sie ist auch neu hier. Sie macht an der UCT ihren Master in internationalem Recht. Warum kommen du und dein Freund nicht mal bei uns zum Braai vorbei? Zum Beispiel übernächsten Samstag?"

Unsere erste Grill-Einladung! Der Initiationsritus eines jeden Neu-Südafrikaners! Max würde begeistert sein. „Sehr gerne! Sollen wir was mitbringen?" – „Ein Wein wäre toll. Ums Fleisch kümmere ich mich. Ihr mögt doch Karoo-Lamm?"

Wein und Karoo-Lamm! Von solchen Freuden der Zivilisation war ich jetzt, auf den Hügeln von Qumbu, meilenweit entfernt. Hier gab es nur: Kühe. Und eine immer schwerer zu ignorierende Dunkelheit. Wenn ich die Scheinwerfer anmachte, konnte ich über den zotteligen Rücken der Tiere schon die Moskitos tanzen sehen. Noch immer war es schwül. Überhaupt fühlte die Luft sich hier ganz anders an als in Kapstadt. Hatte sie dort einer prickelnden Dusche geglichen, war sie hier wie ein feuchtwarmer Lappen. Der troff förmlich vor Gerüchen: Erde. Tierdung. Holzfeuer. Ich musste an eine Tansaniareise vor zwei Jahren denken. Am Viktoriasee hatten die Nächte genauso gerochen. Mit unserem einheimischen Fahrer waren meine Kollegen und ich dort eines Abends von Bukabo nach Arusha gefahren. Da das Autoradio nicht funktionierte,

hatten wir uns die Zeit mit Singen vertrieben: „Hejo, spann'
den Wagen an", dreistimmig, mit heruntergekurbelten Fenstern.
Die Ziegen am Wegrand waren entsetzt geflüchtet.

Moment mal. Wie elektrisiert starrte ich auf die Fellmauer
vor meiner Motorhaube. War das vielleicht die Lösung? Ich kur-
belte das Fenster herunter und räusperte mich. „Hejo, spann'
den Wagen an ...", sang ich zögernd. Meine Stimme übertönte
kaum das Zirpen der Grillen. Ich holte etwas tiefer Luft: „Denn
der Wind treibt Regen übers Land ..."

Ein Rind drehte den Kopf zu mir.

„Hol' die gold'nen Garben!", trompetete ich. „Hol' die gold'-
nen Gahaharben ..."

Tatsache: Die Fellmauer bewegte sich. Hufe scharrten, Ohren zuckten. Erste Rinder lösten sich vom Pulk und zockel-
ten zur Seite. „Hejo ...", begann ich erneut. „Spann' den Wagen
an ..."

Ob es an der Melodie lag oder an der Lautstärke, weiß
ich bis heute nicht. Nach dem siebten „Hejo" hatten sich die
Rinderreihen jedenfalls so weit gelichtet, dass ich mich traute,
den Motor wieder anzustellen. Im Schritttempo fuhr ich an
den staubigen Leibern vorbei. Meine Hände schwitzen. Mein
Herz pochte. Doch kein Huf landete auf meinen Kotflügeln.
Ich hatte die Rinder des Eastern Cape mit einem deutschen
Bauernlied in die Flucht geschlagen! Als ich in meiner klei-
nen Pension ins Bett fiel, war ich mindestens so stolz wie
Bartholomeus Diaz nach der Umrundung der Kapspitze.

Die nächsten Tage waren anstrengend. Nicht nur wegen
der Hitze. Von sieben Uhr früh bis acht Uhr abends rumpelten Thomas und ich durch die Hügel von Qumbu. Wir trafen
Bauern, besuchten Aidskranke und sprachen mit Ärzten und
Stammesführern. Denn, ja: Neben der Kommunalverwaltung
gab es hier auch sogenannte traditional councils. Deren Mitglieder, die traditional leaders, stammten oft aus alten Adels-
geschlechtern und berieten die Kommunen unter anderem in

Fragen von Sitte und Moral. Als Thomas mir davon erzählt hatte, hatte ich mir einen Kreis faltiger Männlein vorgestellt, die auf Fellen saßen und rituelle Trommeln schlugen. Mziwamandla, der traditional leader, den wir am Morgen des ersten Tages trafen, war hingegen ein geschmeidiger 44-Jähriger mit Khakihose und Smartphone und fuhr im silbergrauen Bakkie vor. Bevor ich mein mühsam vorbereitetes „Molo, tata, kunjani?"-Sprüchlein vortragen konnte, hatte er mir schon mit lässiger Bewegung die Hand geschüttelt: „Hi, ich bin hier der Chief. Howzit?" Dann haute er Thomas auf die Schulter: „Dieser Kerl macht einen tollen Job!"

Vor einem Jahr hatte Mziwamandla einen der Workshops besucht, in denen Thomas über Kindererziehung, Kondome und Frauenrechte sprach. Seither war er ein flammender Verfechter für Safer Sex und Väter, die statt ihrer Geliebten die Windeln ihrer Kinder wechselten. „Wir Männer müssen Verantwortung übernehmen", sagte er mit wichtiger Miene. „Das war schon immer Xhosa-Tradition." Tradition sei es aber auch, fuhr er mit einem Seitenblick auf Thomas fort, junge Männer zu beschneiden und Mädchen einmal wöchentlich auf ihre Jungfräulichkeit testen zu lassen. „Nur so bekommen wir Aids in den Griff, nicht wahr?"

Ich blickte Thomas irritiert an: Erst vor Kurzem hatte ich gehört, dass bei den traditionellen Beschneidungen schon wieder Dutzende junger Männer an Infektionen gestorben waren. Für die Xhosa markiert das Ritual den Übergang zum Mannsein. Und tatsächlich haben Studien bewiesen, dass Beschnittene sich seltener mit HIV infizieren. Das Problem sind die Umstände des Eingriffs: Er findet meist in ärmlichen Hütten statt, oft mit verschmutzten Instrumenten, ohne Betäubung. Danach wohnen die Jungen nackt und mit weißem Lehm beschmiert einen Monat fern vom Dorf in einer selbstgebauten Hütte. Erst dann kehren sie zurück und waschen sich mit dem Lehm die Kindheit ab. Wenn sie da noch leben. Die Jung-

frauentests, eigentlich ein Zulu-Brauch, waren da vergleichsweise harmlos, manche Mädchen gaben sogar an, sich durch
die regelmäßigen Kontrollen stolzer zu fühlen. Beim Gedanken daran, dass mir als Teenager jede Woche eine alte Frau
zwischen die Beine gegriffen hätte, um die Unversehrtheit meines Hymens zu prüfen, schüttelte es mich trotzdem. Doch
Thomas lächelte nur diplomatisch.

Erst als der Chief wieder davongebraust war, sprach er das
Thema noch mal an. „Ich habe gesehen, dass du mit manchem,
was Mziwamandla gesagt hast, nicht einverstanden warst ...",
sagte er und blickte mich prüfend an. Ich nickte vorsichtig. „Es
gibt da ein Xhosa-Sprichwort: ‚Mzawakhe Mbuli.' Das heißt:
‚Veränderung tut weh.' Wir dürfen nicht erwarten, dass sich
alles sofort ändert. Das war mit der Apartheid nicht so. Mit
diesen Dingen ist es ähnlich. Und Traditionen müssen auch
nicht immer schlecht sein. Wenn ihr Westler davon sprecht,
dass sich die Kulturen mischen sollen, meint ihr leider immer
nur die Anpassung unserer Kultur an eure. Wie wäre es mit
einem Mittelweg? Sicher müssen die afrikanischen Frauen
mehr Rechte bekommen. Doch die Tradition gebietet uns zum
Beispiel auch, unsere alten Eltern zu pflegen. Da würde ich
ungern mit dem Westen tauschen." Er lächelte. „Aber du wirst
sehen: In Qumbu ist schon viel passiert."

Tatsächlich gab es hier nicht nur eine rührige Selbsthilfegruppe, die dafür trommelte, dass sich die Leute auf HIV testen ließen und ihre Infektion nicht verschwiegen. Thomas
hatte auch ein gutes Dutzend ehemaliger Kneipenbrüder zu
ehrenamtlichen Haushaltshilfen und Krankenpflegern ausbilden lassen. Unter traditionellen Xhosas eigentlich ein Tabu:
Wer Frauenarbeit macht, verliert seine Potenz, bläuten viele
Bauern ihren Söhnen ein. In Qumbu avancierten die Männer
aber bald zu Helden. „Ohne die Jungs wären wir aufgeschmis-
sen", schwärmte die Bezirksärztin, als wir sie in ihrer Praxis besuchten. „Sie kümmern sich um unsere männlichen Patienten.

Denen ist es ja oft unangenehm, wenn Frauen sie pflegen. Dafür sind jetzt die Jungs da."

Mzolisi war einer der „Jungs". Ein schwerer Mittdreißiger mit grimmigem Gesicht und Narben auf den Oberarmen. Sie stammten von den Schlägereien, die er sich bis vor Kurzem fast jeden Abend geliefert hatte. Sein Leben war eine dieser typischen südafrikanischen Landmann-Biografien: früh von der Schule abgegangen, Freundin geschwängert, nach Johannesburg abgehauen, sich dort mit Hilfsjobs durchgeschlagen. Schließlich pleite ins Dorf zurückgekehrt und bei der Schwester eingezogen. Als Mzolisi diese Schwester eines Tages durch die Hütte prügelte und sie die Polizei rief, kam der Dreißigjährige für fünf Monate ins Gefängnis. Dort erfuhr er von seiner HIV-Infektion und beschloss, sein Leben zu ändern. Er begann, in der Selbsthilfegruppe mitzuarbeiten, absolvierte Anti-Gewalttrainings, den Workshop von Thomas und eine Ausbildung zur Haushaltshilfe. Heute beaufsichtigte er zweimal pro Woche seinen Sohn, damit die Exfreundin arbeiten konnte, und betreute die Aidskranken seines Dorfes.

Als wir ihn von seinem Kraal abholten, einer auf einem Hügel gelegenen Ansammlung von Rundhütten, Rindergattern und Gemüsegärten, stellte er uns zuerst der Schwester vor. Mtembiza, fast genauso breit wie ihr Bruder, begrüßte uns mit dem dreifachen Händedruck der Xhosa: der erste, ganz normale, fürs Gegenüber. Der zweite, mit nach oben abgeknickter Hand, für Gott. Der dritte, wieder normal, für die Ahnen. Dann legte sie den Arm um Mzolisi: „Hier seht ihr meinen neuen Bruder", sagte sie feierlich. „Ich habe ihm verziehen." Sie lachte dröhnend und knuffte Mzolisi in die Seite. Der grinste verlegen, stand aber stramm.

Dann nahm er uns mit zu seinen Patienten: dürre junge Männer mit großen Augen, die im Trainingsanzug auf den Betten in ihren elterlichen Hütten lagen, neben sich die Döschen mit den HIV-Pillen. Mzolisi sprach leise auf Xhosa zu ihnen, nahm sie in dem Arm, klopfte ihnen auf die Schultern. „Er erklärt ihnen, wie sie die Medizin nehmen müssen", übersetzte mir Thomas. „Und er versucht, sie etwas aufzuheitern. Die anti-retrovirale Therapie verlangsamt zum Glück die Virusvermehrung. Deshalb muss man als Infizierter nicht mehr gleich sterben. Nur anders leben als vorher." Er lächelte. „Manchmal kann das sogar eine Chance sein. Sieh dir Mzolisi an."

Als wir am vierten Tag noch vor Sonnenaufgang aufbrachen, regnete es in Strömen. Um uns hing die Dunkelheit wie Samt. Thomas döste neben mir. Ich hatte Zeit, meine Eindrücke zu ordnen. Ich war mir plötzlich nicht mehr sicher, dass Shamiegas Freund Moegamat Recht hatte, wenn er sagte, für Schwarze sei die Post-Apartheid-Zeit ein einziger Honigtopf. Klar, auf einige Glückspilze mit guten Kontakten zur ANC-Spitze mochte das zutreffen. Doch was war mit Sylvia und Mzolisi? Sie hatten keine Kontakte. Noch nicht mal Abitur.

Thomas hustete und reckte seine Arme: „Na, geht's noch mit dem Fahren?" – „Klar." – „Sag' Bescheid, wenn wir anhalten sollen, kurz vor Mthatha ist eine Tankstelle ..." – „Nein, geht noch, kein Problem ..." Die Hügel färbten sich im Morgenlicht von Grau nach Schmutziggrün. Ich schaltete die Scheinwerfer aus. „Thomas?", fragte ich in die Stille. „Hm?" – „Hat sich dein Leben durch das Ende der Apartheid eigentlich so verbessert, wie du es dir vorgestellt hast?" An Thomas' überraschtem Grunzen merkte ich, dass die Frage wohl etwas merkwürdig klang. „Äh ...", schob ich hinterher. „Ich meine natürlich nicht in Bezug auf Freiheit, Rechte, politische Macht und so. Sondern in Bezug auf deine wirtschaftliche Situation. Verstehst du?" Thomas grunzte noch mal. „Ich will nicht klagen", sagte er dann. „Meine Frau und ich verdienen zwar kein Vermögen. Aber es reicht, um unseren Kindern ein sicheres Zuhause zu bieten, sie auf gute Schulen zu schicken. Alles Dinge, die wir beide nicht hatten. Wahrscheinlich gehören wir zur neuen schwarzen Mittelschicht, über die ihr Journalisten immer so gern berichtet ..." Er lachte. „Wo genau wohnt ihr denn?", wollte ich wissen. „In Rondebosch." – „Bei der Uni? Wie schön!" – „O ja. Leider werden die Mieten immer teurer. Ich habe das kürzlich mit meiner Frau diskutiert. Wenn sie weiter steigen, müssen wir wegziehen. Nach Kayelitsha oder Gugulethu. Wo's halt günstiger ist. Ich hoffe, wir können das vermeiden. Nicht, weil ich die Townships nicht mag. Eigentlich ist es da viel relaxter. Die Leute sprechen mehr miteinander, man lädt sich gegenseitig ein. Aber es gibt eben auch mehr Kriminalität. Und wir haben zwei Kinder. Leider habe ich das Gefühl, dass unser Vermieter versucht, uns rauszuekeln. Weil wir die einzige schwarze Familie in unserer Straße sind. Ich weiß, das ist ein harter Vorwurf, ich kann auch nichts beweisen. Doch allein der Verdacht macht mir Bauchweh ..."

Ich schwieg etwas bedröppelt. Von Thomas, der sogar Mzolisis HIV-Infektion etwas Positives abgewinnen konnte, hatte ich ein euphorischeres Fazit erwartet. „Meinst du, es bringt was, wenn du mit dem Vermieter sprichst?" Thomas lachte: „Du meinst, ich soll die race card ziehen, ihm ein schlechtes Gewissen machen?" Er schüttelte den Kopf: „Das ist doch albern. Nein, wir finden schon eine Lösung. Notfalls ziehen wir wirklich nach Gugulethu. Die Eltern meiner Frau leben dort. Wir sind da öfters am Wochenende." Er kicherte. „Sie wohnen nämlich neben Mzoli's Place. Kennst du das?" „Noch nie gehört ..." „Shame! Da gibt's das beste Fleisch der Welt!" Und dann schwärmte mir Thomas den Rest der Fahrt von ellenlangen Würsten vor, pries die Saftigkeit der Steaks, die Mzolisi's Braaimaster brieten, und die Koteletts, die er dort am liebsten verspeiste.

Was würde wohl passieren, überlegte ich, während wir durch die Regenschleier des Eastern Cape fuhren, wenn man das ganze Land einfach in eine gigantische Grillparty verwandelte, mit nie versiegendem Fleischnachschub? Ich wette: Von den Bauern von Qumbu bis zu den Surfern von Camps Bay würden sämtliche Hautfarben und Einkommensklassen friedlich wie eine Hippiekommune ums Feuer stehen und über Hitzegrade, Holzarten und Fleischqualität fachsimpeln. Südafrika als Mega-Braai, das wäre wirklich der friedlichste Platz der Welt.

Südafrikanisch für Anfänger

Lektion 5: Lernen Sie Südafrikanisch!

Keine Sorge, mit Englisch werden Sie in Südafrika nie ganz verloren gehen. Selbst im kleinsten Dorf gibt es meist eine hilfsbereite Seele (in der Regel der Dorflehrer), die die Lingua franca versteht. Trotzdem: Privat sprechen es nur acht Prozent (übrigens eine sehr melodische Variante mit vielen langen „E"s, die ein bisschen an das Austro-Englisch von Arnold Schwarzenegger erinnert). Die Mehrheit unterhält sich auf IsiZulu (24 Prozent), IsiXhosa (18 Prozent), Afrikaans (13 Prozent) oder einer anderen der elf offiziellen Sprachen. Es lohnt sich also, ein paar Floskeln zu kennen. „Hallo, wie geht's?" etwa heißt auf IsiZulu „Sawubona, unjani?", auf IsiXhosa „Molo, kunjani?" und auf Afrikaans „Hallo, hoe gaan dit?". Und „Tschüss" sagt man mit „Sala kahle", „Sala kakuhle" bzw. „Totsiens". So weit, so einfach. Weil sich aber beim alltäglichen Sprechen trotz aller Verbote stets die Kulturen mischten, gibt es zudem die wildesten Mixe: Fanagalo etwa, der Slang, in dem sich die weißen Minenbesitzer mit ihren schwarzen Arbeitern verständigten, ist ein einfaches IsiZulu, gespickt mit Englisch, Afrikaans und Portugiesisch. Die Afrikaans sprechenden Cape Coloureds sagen gern mal Ekskuus (von „excuse me"), wenn sie sich entschuldigen. Weiße schimpfen über Tsotsies (IsiZulu für „Gangster"). Und wenn Sie einen Xhosa wiedersehen wollen, fragen Sie am besten nach seiner ifowunamba (von „phone number"). Nur eins sollten Sie bitte niemals tun: verschüchtert schweigen. Das wäre bei so viel Auswahl an Sprachen nämlich verdammt schade.

März

Ausgerechnet der Tag, an dem unser erstes Braai stattfinden sollte, war einer der stürmischsten des Sommers. Böen
boxten das Auto brutal in die Seite, als wir am frühen Abend
über die High Level Road gen Innenstadt fuhren. Immer wieder mussten wir meterlangen Palmwedeln ausweichen, die
wie verdorrte Riesenschlangen auf der Straße lagen. Eigentlich mochte ich den South Easter mittlerweile ganz gern. Wie
Atlantikbrandung und Tafelberg passte auch Kapstadts Haus-
wind perfekt zur dramatischen Kulisse der Kapspitze: eine vor
Energie berstende Rampensau, die einen stets dann ansprang,
wenn man am wenigsten damit rechnete. „Menschlein!", schien
sie einem ins Gesicht zu brüllen. „Was kommst du dir nur so
wichtig vor? Wenn ich will, reiß' ich dich einfach um!"

François und Cloé wohnten in Bo-Kaap. Gemeinsam mit
einem jungen Architekten aus Durban, der sich im Villen-
Bauboom von Bantry Bay austobte, hatten sie eines der bunten Häuser gekauft. „Mit super Grillplatz!", hatte François
geschwärmt. Mittlerweile war ich mir fast sicher, dass er den
Grillabend in ein normales Abendessen umwandeln würde.
Bei dem Wind konnte man ja noch nicht mal eine Zigarette
anzünden.

Als mir François seine Adresse gegeben hatte, hatte ich
erst mal gestutzt: Bo-Kaap – das war genau die Ecke, in die
meine Karnevaltruppe vor drei Monaten nicht ziehen durfte,
weil die Anwohner sich wegen des Lärms beschwert hatten.
Na, toll. Würde ich nun genau mit den Leuten grillen, die mich
damals so wütend gemacht hatten? Als ich François von dem
Marschverbot erzählte, lächelte er nur müde. „Ach, ja, der Karneval. Ein unendliches Drama. Ich versuch' ja, mich da raus-

zuhalten. Aber unsere Nachbarin ist an vorderster Front dabei." – „Ach, dann ist sie eine der reichen Amis, die Bo-Kaap gerade aufkaufen?" François lachte. „Wer sagt denn so was? Nein, das ist ein bisschen komplizierter. Natürlich ist Bo-Kaap bei Investoren gefragt. Die Häuser und die Lage sind ja auch toll. Und, ja: Es gibt einige reiche Ausländer, die sich hier Häuser gekauft und renoviert haben. Doch das ist nicht so tragisch. Schlimm für die alten Bewohner ist eher, dass parallel zu den Grundstückspreisen die Eigentumssteuer steigt. Viele, die eigentlich bleiben wollen, werden so gezwungen, zu verkaufen und in günstigere Viertel zu ziehen. Und wenn die Häuser verkauft sind, stehen sie oft leer. Weil die neuen, meist weißen Besitzer, plötzlich merken, dass Bo-Kaap eben doch sehr muslimisch ist: Hier ruft nachts der Muezzin, und die Leute rümpfen schon mal die Nase, wenn du auf der Straße ein Bier trinkst. Dass der Karneval bei denen nicht beliebt ist, kann ich verstehen. Da wird ja schon ziemlich gesoffen. Ich vermute, auch unsere Nachbarin hat sich deswegen beschwert." Er grinste. „Aber keine Sorge: Die haben wir schon nicht eingeladen ..."

Der Braai-Stand war tatsächlich ein Ereignis: ein wohnzimmerschrankgroßes Monstrum aus Gusseisen, das fast die ganze Terrasse füllte und bei unserer Ankunft von Mitbewohner Michael gerade mit Holzscheiten beladen wurde. Ansonsten erinnerte mich das einstöckige Häuschen an die sympathisch verramschten Antiquitätenläden von Woodstock: hohe, mit Holzbohlen ausgelegte Räume, auf denen sich Möbel unterschiedlicher Form und Farbe aneinander drängten. Dazwischen wuchsen Bücher- und Zeitschriftentürme aus dem Boden, an der Wand lehnte eine Gitarre ohne Saiten. Ich fühlte mich sofort wohl.

Nachdem uns François die Tür geöffnet hatte, war er gleich zurück zur Terrasse gesprintet. „Nehmt euch was zu trinken und setzt euch irgendwohin", rief er über die Schulter. „Ich

muss raus, das Feuer ..." Er wetzte durch die Küche, im Vorbei-
gehen klopfte er den beiden jungen Frauen auf die Schultern,
die am Tisch saßen und Süßkartoffeln schnitten. „Das hier ist
übrigens Cloé ..." Eine Brünette mit Pferdeschwanz winkte
mit dem Gemüsemesser. „Und das ist Julie, die Freundin von
Michael. Die einzige richtige Kapstädterin in unserer Runde,
nicht wahr, Julie?" Letzteres hätte er nicht eigens erwähnen
müssen: Julies Frisur, ein mit geübter Nachlässigkeit zerwu-
schelter Traum aus hüftlangen Locken, war so typisch, dass
mich alles andere gewundert hätte. „Bis gleich!", rief François
noch, dann zog er die Terrassentür hinter sich zu. Durchs Glas
sah ich, wie er sich in den Schutz einer Plastikplane beugte,
die Michael als Windfang vor den Grill hielt. Über das Sturm-
geheul hörten wir die beiden fluchen.

Max räusperte sich. „Meint ihr, ich soll ihnen vielleicht helfen?" – „Nein, bloß nicht!", sagte Cloé schnell. „Die treten sich
schon seit einer Stunde gegenseitig auf die Füße mit ihrem
bescheuerten Feuermachen. Mince alors! Wieso hat hier kein
Mensch einen Elektrogrill, den könnte man notfalls auch im
Haus anschmeißen!"

„Hey!", Julie klopfte streng mit dem Kartoffelschäler auf
die Tischplatte. „Wie lang bist du schon mit François zusammen? Ein Jahr? Da musst du doch langsam wissen: Ein echter
Bure reitet sein Steak eher unterm Sattel weich, als es elek-
trisch zu braten!" – „Außer er ist Vegetarier wie du, oder?",
gab Cloé zurück und grinste frech. „Na, na", machte Julie. „Du
wirst schon sehen: Auch meine Maiskolben werden heute nur
auf Holzfeuer geröstet. Unsere Gäste bekommen doch sonst
einen völlig falschen Eindruck von der südafrikanischen Ess-
kultur!" Sie zog zwei Bier aus dem Kasten neben dem Kühlschrank und warf uns die Flaschen zu. „Here you are! Jetzt
stoßen wir erst mal an. Wie ich die Helden da draußen ein-
schätze, dauert es nämlich noch, bis wir was zwischen die Zähne kriegen ... Cheers!"

Um präzise zu sein: Es dauerte noch genau zweieinhalb Stunden. Zwischendrin hatte eine wüste Böe die Scheite auseinandergeweht, die ganze Aktion musste von vorne gestartet werden. Natürlich ohne Kohle und Grillanzünder, das wäre gegen François' Braaimaster-Ehre gegangen. Als er endlich mit vom Rauch geröteten Augen die Platte mit Würsten, Steaks und Spießen auf den Tisch stellte, hatte ich schon so viel von Julies selbstgebackenem Brot und dem mit Knoblauchbutter gedünsteten Süßkartoffelgemüse genascht, dass ich eigentlich gar keinen Hunger mehr hatte. Doch dann probierte ich trotzdem ein winziges Stückchen von den butterzarten Lammspießen. Ließ eine halbe Boerewors auf den Teller flutschen. Und die andere Hälfte dazu. Und dann noch eine. Und einen gerösteten Maiskolben. Und etwas Brot. Und Schokokuchen mit Sahne ...

Nach gefühlt drei Stunden Nonstop-Gefuttere schob ich mit leisem Ächzen den Teller zur Seite. Max hatte schon lange vor mir schlappgemacht. Völlig erschlagen hingen wir in den Stühlen. „War das euer erstes Braai?", erkundigte sich Michael mitfühlend. „Mein Onkel konnte nach seinem ersten Mal eine Woche kein Fleisch sehen. Und der ist immerhin Schotte ..." – „Nein, nein ...", Max lehnte sich zurück, um das Drücken seines Gürtels etwas zu mildern. „Natürlich haben wir hier schon mal gegrillt. Aber nicht solche Mengen! Wenn ich jeden Tag so viel essen würde, sähe ich aus wie Bud Spencer!" – „Was wäre daran falsch?", lachte François. „Dann hättest du beste Chancen, bei den Springboks genommen zu werden! Jetzt kann ich's ja sagen: Eigentlich grillen wir nur deshalb so viel, weil wir hoffen, so endlich im Rugby-Nationalteam zu landen ..."

„Spielst du denn auch Rugby, François?", fragte ich schnell, zugegeben mehr, um das Thema zu wechseln, als aus echtem Interesse. Mein grummelnder Magen signalisierte mir nämlich: Wenn wir weiter übers Essen sprächen, würde mir definitiv schlecht. „Rugby? Hm ..." François fummelte verlegen an seinem Steak herum. „Nicht wirklich. Bin da leider aus der Art geschlagen. Ich fand schon als Kind Fußball spannender. Das kam bei meinen Kumpels natürlich nicht so toll an: ,Rugby is a game for barbarians played by gentlemen. Football is a game for gentlemen played by barbarians.' Das war immer der Leitspruch. Aber mal ehrlich ..." Er lachte. „Könnt ihr euch ernsthaft vorstellen, dass ich bei einem scrum irgendwas ausrichten könnte?"

Ich versuchte mir auszumalen, wie François seine schmalen Schultern in einen scrum bohrte, in das Körperknäuel also, mit dem die Rugby-Partien zwischendrin immer wieder neu gestartet wurden. Nein, er hatte Recht: Rugby-Helden sahen anders aus. Groß, breit, stiernackig. So wie die Jungs, die am Wochenende mit über dem Brustkorb spannenden Polohemden im Caprice in Camps Bay Hof hielten, umgeben von einer Entourage aus dünnen Blondinen mit untertassengroßen Sonnenbrillen. Zugegeben: Außer dort war ich Rugbyspielern bisher noch nie begegnet, ins Newlands Stadium, wo die Kapstädter Stormers ihre Trainingsbastion hatten, zog es mich nicht sonderlich. Doch um zu begreifen, welch immense Bedeutung das Spiel für die burisch-stämmigen Südafrikaner haben musste, reichte es schon, an einem normalen Samstagnachmittag ein Café in Sea Point zu betreten. Wie in fast allen südafrikanischen Lokalen hing auch in den Kneipen unseres Vororts mindestens ein Fernseher, der ständig Sportwettkämpfe aller Art zeigte. Wochentags konnte man so sein Bier zu Golf, Surfen, Cricket, Tennis oder Fußball trinken. Samstags jedoch lief fast ausschließlich: Rugby. Currie Cup, Tri-Nations Cup, Super 14 – Anlässe dazu gab mindestens so viele wie in Deutschland zum Fußballgucken. Und die Fans nutzten sie mit heiligem Ernst: Ganze Familien saßen selbst bei strahlendem Sonnenschein an Tischen und Theken, starrten wie hypnotisiert auf die Bildschirme, schrien, jaulten, jubelten. Natürlich vernichtete man bei der Gelegenheit auch jede Menge Bier.

Ich selbst konnte dem Gerempel auch nach einem halben Jahr am Kap nur wenig abgewinnen. Klar: Der legendäre Weltmeisterschaftssieg über Neuseeland 1995 muss ein erhebender Moment gewesen sein. François hatte mir erzählt, dass er selbst im fernen Belgien heulend vorm Fernseher gesessen hatte, als Mandela dem südafrikanischen Kapitän im Springboks-Trikot den Pokal überreichte. Doch sonst? Rugby erinnerte mich immer an „Asterix und Obelix": Auch wenn der Ball längst aus dem Blickfeld verschwunden war, schmissen sich erwachsene Männer mit wilder Entschlossenheit auf schwitzende Rücken und halb entblößte, haarige Hintern. Was fanden sie nur daran?

Cricket, den Leib- und Magensport der britisch- und indischstämmigen Südafrikaner, fand ich da wesentlich eleganter. Obwohl ich die Regeln auch nicht vollends verstanden hatte. Doch mir gefiel die kontemplative Stille, die sich beim Publikum breitmachte, wenn minuten-, ach was, stundenlang auf dem Rasen nahezu nichts passierte. Und man nichts hörte als das Klirren der Eiswürfel in den Gin Tonics der Zuschauer.

Ganz anders war der Lärmpegel natürlich beim Fußball, dem beliebtesten schwarzen und damit eigentlichen Massensport Südafrikas. Natürlich lief in den Shebeens, den Township-Kneipen, auch samstags Soccer – beziehungsweise So-kah, wie Thomas, seinerseits Anhänger der für Soweto spielenden Kaizer Chiefs, geduldig meine Aussprache korrigiert hatte. Leider war die Nationalmannschaft Bafana Bafana (IsiZulu für „Unsere Jungs") grottenschlecht. Bei Auswärtsspielen gab es deshalb kaum Gelegenheit zum Jubeln. Umso euphorischer feierte man die Helden der South African Premier League, der südafrikanischen Bundesliga. Die Santos aus Kapstadt zum Beispiel. Die hatten Max und ich sogar mal im Cape Town Stadium beim Lokalderby gegen die Ajax erlebt. Max meinte zwar später, dass sogar der Amateurclub seines pfälzischen Heimatdorfs technisch mehr draufgehabt hätte. Doch die Stimmung war Weltmeisterklasse. Kein Wunder. Spätestens seit der WM 2010 besaß jeder halbwegs patriotische Südafrikaner eine Vuvuzela. Die nahm man nicht nur zu den heiß geliebten Demos und Protestmärschen immer gern mit, sondern auch zu den Begegnungen der Lokalhelden.

Auch außerhalb von Fußball-, Rugby- und Cricketfeldern schienen die Kapbewohner Bewegung aller Art zu lieben. Erst hatte ich ja vermutet, dass nur Weiße ständig mit Rennrädern und Laufschuhen unterwegs waren. Auf der Promenade startete der Massenauflauf ja oft schon vor Sonnenaufgang. Bis ich einmal morgens auf der N2 zum Flughafen fuhr. Da joggten und stretchten doch tatsächlich die Sportsfreunde von Heideveld und Gugulethu auf den breiten Grasstreifen neben der Autobahn. Bei meinen Ausflügen nach Johannesburg sollte ich später noch erfahren, wie beliebt Fitnessstudios und Golfplätze bei der schwarzen Stadtbevölkerung waren. Und auch auf den Straßen KwaZulu Natals begegneten mir ausgesprochen bunte Rennradtrupps. Welchen Sport man trieb, hing wohl doch vor allem davon ab, welche Ausrüstung man sich leisten konnte. Und Geld war in Kapstadt nun mal sehr einseitig verteilt.

Nach dem Essen verzogen die Jungs sich ins Wohnzimmer, Surfer-Bildbände angucken. Cloé, Julie und ich widmeten uns lieber der Amarula-Flasche im Kühlschrank. „Also, Mädels, ich weiß ja nicht ...", seufzte Cloé und füllte ihr Glas. „Würstchengrillen, Rumkokeln, Surfen – für südafrikanische Männer ist das Leben irgendwie ein einziger Outdoor-Trip. Wusstest ihr, dass François in seinem Kofferraum ein ‚Notfallzelt' hat? Falls er mal ‚irgendwo übernachten muss'. Das ist doch irre!"

„Cloé, my dear", lallte Julie, „du musst noch viel lernen. Jetzt pass mal auf ..." Sie setzte sich aufrecht hin, strich die Mähne aus dem Gesicht und guckte mit besoffener Ernsthaftigkeit in die Runde: „Fangen wir vorne an: Warst du schon mal in der Campworld?" – „Non, mon Dieu, was soll das sein?" –

„Eine Ladenkette, ausschließlich für Campingzeug. Irre Auswahl, super Sache. Die nächste Filiale ist in Belleville, als ich klein war, hat meine Familie da fast jeden Samstag verbracht. Da gibt's viel krassere Sachen als ‚Notfallzelte'! Tragbare Küchenzeilen zum Beispiel. Oder, äh, Pumpduschen. Ich sag' euch, Leute, Pumpduschen, das sind die besten Erfindungen überhaupt ...“ – „Aber wozu braucht man den Kram?“ – „Ganz einfach!“, Julie kippte sich einen Eiswürfel in den Mund und biss darauf, dass es krachte. „Wegen der Gene! Mein Vater sagt immer: Vor 150 Jahren sind wir Buren im Planwagen über den Oranje-Fluss gerumpelt. Heute fahren wir im Jeep durch die Kalahari. Hauptsache, wir können am Ende irgendwo grillen. Mein Vater hat sogar mal einen Gaskocher auf den Lion's Head geschleppt, um sich dort Eier mit Speck zu braten. Die Touristen haben schön blöd geguckt ...“

Cloé hob ihr Glas: „Na denn: Auf die Khakihose! Jetzt weiß ich zumindest, was mich mit François in den nächsten Jahren erwartet: Planwagenfahrten und Pumpduschen! Pragtig!“ – „Praat jy Afrikaans?“, rief Julie erfreut. „Das wusste ich gar nicht!“ – Cloé schüttelte lachend den Kopf. „Ich kann eigentlich nur ‚Hoe gaan dit?' und ‚dankie'. Ich hab' versucht, einen Kurs zu belegen, aber es gab nicht genug Interessenten. Afrikaans scheint nicht wirklich hip zu sein ...“ – „Wem sagst du das! Meine Eltern haben darauf bestanden, dass ich auf die Uni nach Kapstadt gehe, nicht nach Stellenbosch. Sie meinen, mit dem Abschluss einer englischsprachigen Uni hätte ich international mehr Chancen. Irgendwie schade. Bald spricht keiner mehr Afrikaans ...“ – „Äh, wart' mal!“, hörte ich mich plötzlich rufen. „Ich würd' das schon ganz gern lernen ...“ – „Echt?“ Cloé strahlte mich an. „Das wäre ja super! Gib mir doch mal deine Nummer, dann erkundige ich mich, ob sie auch Zweiergruppen anbieten ...“

Während ich Cloé meine Handynummer diktierte, wunderte ich mich über mich selbst: Eigentlich hatte ich mich schon in Hamburg ganz bewusst entschieden, nicht Afrikaans zu lernen. Die Buren, überhaupt: die ganze weiße Community in Südafrika war mir einfach nicht geheuer. Campen und grillen – schön und gut. Doch war nicht jeder Weiße über vierzig irgendwie mit schuld an den Verbrechen der Apartheid? Hatten sie nicht alle von der Diskriminierung profitiert? Auch wenn ich mittlerweile festgestellt hatte, dass die meisten Afrikaans-Sprecher in Kapstadt gar keine Weißen, sondern Coloureds waren: Für mich war das ganz klar die „Sprache der Unterdrücker". Hatten nicht 1976 beim Soweto-Aufstand schwarze Schüler gegen Afrikaans als Unterrichtssprache protestiert – und waren dafür von den weißen Sicherheitskräften niedergeschossen worden? Mir blieb das alles suspekt.

Andererseits: François, Julie und Michael waren wirklich nett. Und sie hatten, soweit ich es bisher überblickte, keinerlei krude „Herrenmenschen"-Attitüden. Obwohl sie Afrikaans sprachen. Und Buren waren. Zumindest François und Julie. Wie würden sie wohl reagieren, wenn ich sie nach der Vergangenheit fragen würde? Julie und Michael hatten wohl kaum Erinnerungen an die Apartheid, sie waren 1983 geboren. Doch François war Jahrgang 1972. Sollte ich ihn einfach mal darauf ansprechen? Oder wäre das eines der besonders tiefen südafrikanischen Fettnäpfchen, die man besser meiden sollte?

Zwei Wochen später nahm François mir die Entscheidung ab. „Hey, Leute", schrieb er in einer E-Mail an Max und mich. „Ich finde, es ist an der Zeit, dass ihr die ganze Wahrheit über meinen Stamm erfahrt. Wie wär's mit einem Ausflug zum Boerrassic Park?" Als wir auf den Link am Ende der Mail klickten, landeten wir auf der Homepage von Evita se Perron. Wir sagten sofort zu.

Evita se Perron ist eine südafrikanische Institution. Hinter dem Afrikaans-Ausdruck für „Evitas Bahnsteig" verbirgt sich nicht nur ein schnuckeliges Kabarett-Theater in Darling, einer Provinzstadt achtzig Kilometer nordwestlich von Kapstadt, sondern vor allem: die Schaltzentrale von Evita Bezuidenhout, dem mit Perlen behangenen Alter Ego des burisch-deutschen Theaterautors Pieter-Dirk Uys. Der hat die Kunstfigur Anfang der 1980er erdacht, als die Regierung der burischen National Party wiederholt seine Stücke verboten hatte, er seine Scherze über die Absurditäten der Apartheid aber nicht lassen wollte. Statt seiner erklärte von da an Evita den Südafrikanern die Welt. Vom Apartheid-Präsidenten PW Botha bis zum afrikanischen Traditionalisten Jacob Zuma. Von den Homelands bis zum Black Economic Empowerment.

Natürlich ist Evita eine höchst schillernde Persönlichkeit: Einst Starlet in Fünfzigerjahre-Afrikaans-Schmonzetten, mittlerweile Ehefrau des (fiktiven) National-Party-Parlamentariers Dr JJ de V Bezuidenhout (genannt: Hasie), Intimfreundin von Apartheid-Architekt HF Verwoerd und Mutter dreier Kinder, die auf alle erdenklichen Weisen das Wertesystem ihrer Mammie erschüttern: Die Tochter hat einen Schwarzen geheiratet. Der erste Sohn ist schwul, der zweite Mitglied der rechtsextremen Afrikaner Weerstandsbeweging. Vor diesem Hintergrund plaudert Evita jedes Wochenende über die Wunder und Schrecken der Post-Apartheid-Ära, während ihr – meist weißes – Publikum Biltong knabbert und später einen Verdauungsspaziergang im Boerrassic Park getauften Garten unternimmt, um die Helden und Bösewichte der untergegangenen Burenrepublik als steinerne Karikaturen zu bewundern. Kurzum: Der Ausflug versprach ein großer Spaß zu werden.

Als Unterkunft hatten wir uns für ein Busch-Camp an der West Coast entschieden. Der Bungalow, den wir eigentlich hatten mieten wollten, war bereits ausgebucht. „Macht nichts“, befand François. „Draußenschlafen ist eh schöner. Und ihr wollt doch the real African experience, oder?“ Natürlich schrillten bei mir sofort die Alarmglocken. Ich dachte an François' „Notzelt“ und Julies Pumpdusche, und sah uns im Geiste mit dünnen Nylonplanen bewaffnet gegen South-Easter-Attacken und

aggressive Paviane kämpfen. Ich war noch nie Camping-Fan gewesen. Seit ich als Teenager einmal eine verregnete Woche auf
einem Zeltplatz auf Amrum verbracht hatte, verband ich mit
Zeltlagerromantik schlaflose Nächte in feuchten Schlafsäcken
und überschwemmte Gemeinschaftstoiletten. „Entspann'dich",
sagte François nur, als ich ihn darauf hinwies. „Wenn Buren
campen, machen sie's richtig."

An einem sonnigen Morgen Ende März fuhren wir los.
Erst auf der N7 Richtung Norden, dann auf Alleen an der Küste entlang. Das Hinterland der West Coast war wild und wunderschön und erinnerte mich fast ein wenig an Irland. Weiden
und Koppeln, so weit das Auge reichte, dazwischen falteten
sich immer wieder Hügel auf, zu deren Füßen Bauernhöfe
wie vergessenes Spielzeug lagen. In den Bäumen leuchtete es
rot und gelb. Herbstbeginn. Im März. Noch immer fand ich,
dass das irgendwie verdreht klang.

Darling selbst war eher enttäuschend. Ein schmuckloses
Provinzstädtchen mit dem üblichen Dreiklang aus Tankstellen,
Lagerhäusern, Supermärkten. Umso auffälliger war natürlich:
das Theater. Ein rosafarben gestrichener ehemaliger Bahnhof
mit Grillplatz und Hollywoodschaukel, daneben der entfernt
an Abenteuerspielplatz erinnernde Boerrassic Park. Wir setzten uns gleich neben die Bühne und bestellten erst mal eine
Runde Tee. Draußen war es empfindlich kühl geworden. Ich
dachte an die bevorstehende Nacht im Freien und fröstelte sofort noch mehr.

Die Show war ein wilder Ritt. Van Uys, ein temperament-
voller Kahlkopf mit Schulbubengrinsen, wechselte auf der Bühne Perücken und Hautfarben quasi im Minutentakt. Thabo
Mbeki watschte er für seine fatale Aidspolitik genauso ab wie
die nach Australien emigrierenden Buren für ihr Jammern
nach den guten, alten Zeiten. Zwischendrin lieferte er sich
mit seinen Zuschauern bissige Wortgefechte auf Afrikaans.
François hing irgendwann nur noch wiehernd auf dem Stuhl.

Wir anderen verstanden zwar nicht jeden Gag, doch die Grundbotschaft war klar: Nehmt euch alle nicht so wichtig! Haben wir nicht dringendere Probleme als unsere Hautfarben?

Das Busch-Camp war dann das zweite erfreuliche Ereignis des Abends. Es entpuppte sich nämlich als Ansammlung sehr solider Großraumzelte mit Feldbetten, Wolldecken und Nachttischen. Die Duschen hingen dekorativ von den Bäumen. Die WC-Spülungen funktionierten einwandfrei. Wenn das die burische Art des Campens war, bekam François' „Stamm" von mir sofort fünfzig Bonuspunkte. Blieb nur die Sache mit der Vergangenheit. Ob sich heute endlich die Gelegenheit zur Gretchenfrage bieten würde?

Am Ende war es einfacher als gedacht. Als wir am Lagerfeuer bei einer Flasche Wein zusammensaßen, schwärmte uns François von seinem letzten Urlaub in Berlin vor: „Ihr habt es ja so gut! Immer ist bei euch in Europa was los! Wenn bei uns alle paar Jubeljahre mal U2 Station macht, ist das Konzert gleich am nächsten Tag ausverkauft. In Berlin kann ich jeden Abend zehn gute Bands hören. Ich liebe Berlin! Und dann habt ihr auch noch diese Wahnsinnsgeschichte!"

„Na ja, eure Geschichte ist ja auch nicht ohne", sagte ich und schenkte François vorsichtshalber noch mal kräftig Wein nach. „Wo hast du denn die südafrikanische Wende erlebt? Das war doch bestimmt ein Tag, den man nicht vergisst ..."

„Du meinst die Wahlen von 1994?" François verzog den Mund und kickte mit seinem Schuh einen Zweig ins Feuer. „Blöde Frage?", sagte ich. „Nein, Quatsch ..." Er lachte. „Gute Frage! Es ist nur so: Ich war gar nicht hier, sondern in Brüssel, zum Studieren. Mandelas Freilassung, die Verhandlungen, die Wahlen bekam ich nur aus der Ferne mit. Im Rückblick ärgert mich das total. Als Teenager war der ANC für mich das Coolste, was es gab ..."

„Wirklich? Aber euch ging's doch während der Apartheid bestens ..." – „Ja, schon ..." François fuhr sich unwillig durch die Haare. „Aber überleg' doch mal: Du bist sechzehn, stehst auf Che und Bob Dylan und lebst in einem Staat, den fast die ganze Welt hasst. Noch schlimmer, du spürst: Die Welt hat Recht! Angola-Krieg, Rassengesetze, all das fanden wir ja auch absurd. Oder, okay, zumindest die, die nachdachten. Natürlich ging es uns relativ gut. Aber auch wir durften unsere Meinung nicht sagen. Ein Freund von mir kam mal mit einem ANC-T-Shirt in die Schule. Er bekam sofort einen Verweis, musste nachhause, sich umziehen. Beim Rausgehen rief er: ‚Passt nur auf: In fünf Jahren sind wir eine Demokratie!' Zum Glück hatte er Recht ...“

„Und was dachten deine Eltern? Waren die auch so kritisch?“

„Meine Mutter schon. Sie war ja Kulturjournalistin und hat verbotenerweise die Gedichte des Regimekritikers Breyten Breytenbach auf die Kunstseite ihrer Zeitung gemogelt, wenn der Geburtstag hatte. Loyal resistance nannte sie diese Haltung: Sie war gegen die Apartheid, fand aber, dass die Buren an der Macht bleiben sollten. Viele Intellektuelle waren damals so drauf. Der Haken dabei war: Wenn man beide Ziele in letzter Konsequenz verfolgt, schließen sie sich gegenseitig aus. Denn natürlich wird in einem demokratischen Staat die Mehrheit, also die Schwarzen, das Steuer übernehmen. Das hat meine Mutter aber erst nach 1994 kapiert. Da ist sie dann ziemlich schnell nach Frankreich ausgewandert. Und heute nervt sie mich ständig damit, dass ich ihr folgen soll: In dem Irrenhaus da unten vergeudest du nur deine Zeit, sagt sie.“

„Und dein Vater?“

„Bei dem war's genau andersrum. Schwarze mit Wahlrecht? Da hat er dir als National-Party-Anhänger den Vogel gezeigt. 1994 war für ihn ein Schock. Parallel dazu ließ sich auch noch meine Mutter scheiden. Mein Vater saß plötzlich allein in unserem Haus in Johannesburg, und um ihn herum formierte sich eine Welt, die er für einen schlechten Witz hielt. Was damals genau in ihm vorging, weiß ich nicht. Wir hatten kaum Kontakt. Doch irgendwas muss passiert sein. Denn als wir uns 1999 wiedersahen, war er ein anderer Mensch. Er hatte nicht nur eine neue Frau, sondern auch eine neue Weltsicht. ,Mandela hat unser Land gerettet', sagt er jetzt immer. ,Es lebe die Rainbow Nation!'" François grinste. „Ich habe ja den Verdacht, dass er damit nur meine Mutter ärgern will. Aber insgeheim hoffe ich natürlich, dass er nachgedacht hat ..."

„Gesprochen habt ihr noch nicht darüber?"

„Leider nein. Wie gesagt, unser Verhältnis ist nicht das Beste. Aber mit meiner Mutter hatte ich mal eine Diskussion. Das war vor ein paar Jahren in Yad Vashem, der Holocaust-Gedenkstätte in Jerusalem. Wir machten gerade Ferien in Israel. Und als wir in dem Raum standen, wo erklärt wurde, wie die Nazis die Menschen vermaßen, um sie in Juden und Arier einzuteilen, da hielt ich's nicht mehr aus. Mitten im Museum habe ich sie zur Rede gestellt: ,Wie konntet ihr zulassen, dass unsere Regierung kurz darauf genau dasselbe machte?'"

„Wie hat sie reagiert?"

„Erst hat sie nichts gesagt. Später hat sie mir erklärt, man dürfe nicht vergessen, dass Südafrika lange Zeit von der Welt kaum was mitgekriegt hat. Fernsehen gab's ja erst ab 1976. Die Diskussionen der 68er zum Beispiel seien an ihr total vorübergegangen. Das Einzige, über das damals alle sprachen, seien die Gräuelberichte der weißen Siedler aus dem Kongo gewesen. Damals herrschte dort ja Bürgerkrieg, Tausende wurden vertrieben, getötet. Für viele Buren war das wohl die Bestätigung: Wenn die Schwarzen an die Macht kommen, geht's uns an den Kragen."

„Stopp, Chéri, jetzt muss ich auch mal was sagen", schaltete Cloé sich ein. „Ich mag deine Mutter ja sehr. Aber wenn sie so was sagt, dann klingt das für mich nur nach der alten Entschuldigung: ,Wir armen Buren, das kleine, gebeutelte Volk, dem alle nur Böses wollen. Wir dürfen uns mit allen Mitteln wehren. Notfalls mit einer Diktatur wie der Apartheid.' Das ist doch lächerlich!"

„Klar. Aber um zu verstehen, wie es zur Apartheid kommen konnte, muss man doch die Motivation ihrer Erfinder verstehen. Die Buren waren in Südafrika immer eine winzige Minderheit. Und im Unterschied zu den Briten hatten sie kein europäisches Vaterland, wo sie notfalls Unterschlupf fanden. Die haben hier buchstäblich ums Überleben gekämpft. Gegen die Zulus, die Briten – die Geschichten kennen wir ja alle. Durch die Apartheid konnten sie ihre Position zum ersten Mal sichern. Gegenüber den Briten und gegenüber der nicht-weißen Mehrheit. Ich will damit nichts entschuldigen. Aber es erklärt vielleicht, warum man auf die verrückte Idee kommt, neunzig Prozent der Bevölkerung fast völlig zu entrechten."

„Na, das sind ja ganz neue Töne!" Cloé grinste und zerzauste François die Haare. „Höre ich dich gerade die eigenen Leute verteidigen?" Sie drehte sich zu uns: „Ihr müsst wissen: François macht normalerweise nichts lieber, als sich auf der Die-Burger-Website mit den Typen zu fetzen, die unter den Artikeln immer diese dumpfen Kommentare ablassen. Dass früher alles besser war. Dass alle Schwarzen Barbaren sind. Dass die schwarze Kultur eh nichts Gescheites zustande gebracht hat. François kann sich da ewig drüber aufregen ..."

„Weil diese Idioten alles kaputtmachen! Ich hab' dieses Image vom rückständigen, rassistischen Buren ja so satt. Ich bin nicht so. Ihr wisst das. Aber die meisten sehen uns so. Und dann schreiben diese Typen in einem öffentlichen Forum so einen Schwachsinn! Obwohl jeder, der die Statistiken liest, weiß, dass es uns immer noch verdammt gut geht. Die meisten Reichen in Südafrika sind weiß, die meisten Armen schwarz. Das sagt doch alles. Da krieg' ich echt Pickel!"

François hatte sich richtig in Rage geredet. Ich hatte ihn noch nie so wütend gesehen. Cloé legte ihm die Hand auf die

Schulter. „Hey, hey, das sehen wir doch genauso. Jetzt setz' dich mal wieder und wir trinken unseren Wein aus, ja?" François nickte erschöpft. „Sorry. Bei dem Thema dreh' ich immer durch. Aber hab' ich nicht Recht? Ihr hattet über Buren doch sicher auch nicht die beste Meinung, oder?" Max und ich murmelten etwas Vages. „Seht ihr? Ich würd' euch ja gern mal meine Freundin Liezel aus Johannesburg vorstellen. Sie ist der beste Beweis, wie krass sich ein Volk von Generation zu Generation ändern kann. Seid ihr demnächst in Johannesburg?" Ich nickte: „Ja, im Mai." – „Gut. Ich sag' Liezel Bescheid, dann könnt ihr euch treffen, wenn du magst." Er stand auf und knipste seine Taschenlampe an. „Und jetzt wartet kurz. Ich habe nämlich extra eine Flasche selbstgebrannten dop mitgenommen. Von meinem Onkel aus Bloemfontein. Damit ihr nicht denkt, wir Buren seien nur im Jammern Meister ..."

Südafrikanisch für Anfänger

Lektion 6: Campen Sie wie ein Bure!

Mengenmäßig könnte man sie glatt übersehen: 2,8 Millionen – schon die Bevölkerung Berlins ist zahlreicher. Doch an den Buren kommen Sie am Kap nicht vorbei. Zum einen, und das ist die dunkle Seite dieses holländisch-deutsch-hugenottischen Minivolks, weil es die Buren waren, die Südafrika von 1948 bis 1994 regierten und das Land so katastrophal prägten wie keiner zuvor. Zum anderen, und das ist ihr weitaus sympathischerer Wesenszug: weil die Buren immer dort zu sein scheinen, wo es tolle Natur, wilde Tiere und gutes Essen gibt. Buren sind Outdoor-Fanatiker. Und sie gehen dieses Thema mit so ausgefeiltem Equipment an, dass sich Puristen wie Reinhold Messner wohl entsetzt von den Drakensbergen stürzen würden: Geländewagen, Großraumzelt, Sitzgarnitur und ein gut gefüllter Proviantkorb gehören zur Grundausstattung einer burischen Landpartie. Profis packen je nach Zielort auch noch Mountainbike oder Segelboot auf den Hänger. Bundu-bashing nennen sie das, Wildnis-Bashing. Und am liebsten frönt man dem im Pulk. Ethnologen mögen in den Jeep-Kolonnen, die im Sommer rituell die Wüsten und Savannen pflügen, ein Relikt des „Großen Trecks" sehen, in dem sich die Buren im 19. Jahrhundert mit Ochsenkarren aufmachten, um eigene Staaten zu gründen. Pragmatiker lassen sich von ihren burischen Freunden einfach, sooft es geht, zum Picknick einladen. Denn am meisten Spaß macht denen ihr neuer Hightech-Schirm, wenn sich darunter ganz viele Gäste tummeln.

April

DEN APFEL SAH ICH SCHON VON WEITEM. Als knallroter Punkt lag er auf der Straße nach Kalk Bay, zweihundert Meter über der Ostküste der Kap-Halbinsel, wo sich an diesem sonnigen Herbstabend Scharen von Surfern in die eiskalten Wellen stürzten. Max und ich kamen von einer Tour durch die Kalk Bay Mountains zurück. Von den Gipfeln der Berge aus hatten wir fast bis zum Kap der Guten Hoffnung blicken können. Es war eine tolle Wanderung gewesen. Aber auch ziemlich anstrengend. Wir freuten uns auf eine heiße Dusche.

Ich erkannte den Apfel sofort wieder. Beim Aussteigen heute Morgen war er mir unters Auto gerollt. Dass ich ihn von hier aus sah, konnte nur eines bedeuten: Das Auto war weg.

Eigentlich war ja klar, dass das irgendwann passieren musste. 72 000 Autos werden in Südafrika pro Jahr gestohlen. Das sind viermal so viele wie in Deutschland – obwohl dort fünfmal mehr zugelassen sind. Die meisten Südafrikaner sichern ihren Wagen deshalb wie Fort Knox. Wir hatten uralte Citi Golfs gesehen, die man mit Eisenketten zum Paket geschnürt und zusätzlich an einen Laternenpfahl geschlossen hatte. An mittelalterliche Folterwerkzeuge erinnernde Lenkradsperren, die die Besitzer selbst kaum lösen konnten. Alarmanlagen, die losheulten, sobald ein Vogel sich über dem Autodach erleichterte. Wir fanden das albern. Wir schlossen unser Auto einfach nur ab.

Offensichtlich ein saublöder Fehler.

„Verdammt!", schrie Max und trat mit dem Stiefel gegen den Bordstein. „Gerade heute! Am Sonntag! Und gerade hier, wo es nicht mal Minibusse gibt! Wir müssen das so schnell wie möglich melden! Sonst zahlt die Versicherung nichts. Hast du eine Idee, wo die nächste Polizeistation ist?" – „Keine Ahnung. Aber da unten ist St. James. Vielleicht kann man uns da weiterhelfen ..."

Wir marschierten los. Natürlich hätte ich es Max gegenüber nie zugegeben. Doch während wir den Hang zum Meer hinunterkletterten, war ich fast ein bisschen erleichtert. Ein Autoklau – das war eigentlich kaum mehr zu toppen. Würde die Pechsträhne, die mich seit Wochen verfolgte, nun endlich aufhören?

Ich weiß, das klingt jetzt esoterisch. Doch in letzter Zeit war so viel schiefgegangen, dass ich fast nicht mehr an Zufall glaubte. Hatte ich irgendwelche mir unbekannten afrikanischen Götter verärgert, dass sie mich jetzt zur Strafe in jede verfügbare Pfütze schubsten?

Begonnen hatte alles vor drei Wochen auf dem Balkon des Waiting Room in der Long Street. Die Bar war im Sommer unsere Lieblingskneipe geworden. Dienstags traten hier lokale Bands auf, am Wochenende konnte man vom Balkon aus den Rummel auf der Straße beobachten. Ich saß mit Matteo auf einer der Holzbänke, hielt in der einen Hand einen Appletizer, mit der anderen versuchte ich, so gut es ging, meine dünne Jacke über die Arme zu ziehen. Seit einigen Tagen war es erstaunlich kühl geworden. Morgens wurden wir nun statt vom Möwengeschrei oft vom Regenprasseln geweckt. Das Meer hüllte sich bis mittags in Nebelschwaden, aus dem Weiß dröhnte gespenstisch das Donnern der Wellen.

„Jetzt kommt der Herbst", hatte Venetia gesagt, als sie eines Morgens mit zwei olivgrünen Regencapes vor unserer Tür stand. „Ihr habt sicher kein Regenzeug, oder? Nehmt das, Ruth bleibt bei dem Wetter sowieso drin. Ihr werdet es brauchen. Glaubt mir, der Winter in Kapstadt ist hart ..."

Wir bedankten uns artig. Auch wenn uns nicht ganz klar war, wie uns zwei Gummiplanen vor dem schützen sollten, was wir bis dato unter „Winter" verstanden hatten. Aber vielleicht verhielt es sich mit dem Kapstädter Winter ja wie mit dem Sommer: Zum Hamburger Temperaturdurchschnitt musste man einfach zehn Grad dazurechnen.

Auf dem Balkon des Waiting Room hatte ich mein Cape natürlich nicht dabei. Mir war langsam eiskalt. Doch Reingehen war undenkbar. Denn neben mir saß, wie gesagt, Matteo. Mit doppeltem Gin Tonic und einem unter der Surferbräune aschfahlen Gesicht. Und ohne Nobuntu. Die hatte nämlich gestern mit ihm Schluss gemacht. Per SMS. Und Matteo suhlte sich im Leid des Verlassenen. „Ich versteh' das einfach nicht", rief er. „Wir passten doch so gut zueinander!" – „Hat sie einen Grund genannt?" – „Sie sagte, unsere Beziehung habe keine Zukunft. Sie brauche jemanden, den sie heiraten könne." – „Und das wolltest du nicht?" – „Nein, ja ... ach du weißt doch, wie das ist! Hier heiratest du doch immer die ganze Familie! Und wenn du ein Weißer bist und noch dazu Ausländer, dann erwarten sie von dir einen noch höheren Brautpreis als sonst. Ganz abgesehen davon, dass schon vor der Hochzeit ständig jemand kommt, irgendwas von Familienzusammenhalt erzählt und sich Geld leihen will. Das weiß ich doch noch von meiner Ex. Und Nobuntu stammt noch nicht mal aus Soweto. Sie kommt aus einem winzigen Dorf in Mpumalanga! Wahrscheinlich müsste ich sogar in echten Rindern bezahlen! Das pack' ich nicht!"

Matteo kippte den restlichen Gin Tonic auf einmal hinunter und schluckte hörbar. Ich blickte ratlos auf meine klammen Hände. Insgeheim vermutete ich ja, dass Matteo grundsätzlich nicht an einer festen Beziehung interessiert war, egal ob mit schwarzen, weißen oder lilafarbenen Frauen. Die interkulturellen Komplikationen, in die er sich regelmäßig verstrickte, waren da eine prima Ausrede. Aber diese küchenpsychologische Analyse konnte ich ihm natürlich nicht auf die Nase binden. Nicht in diesem Zustand.

Genauso unmöglich war es leider auch, ihn wie geplant

um Nobuntus Handynummer zu bitten. Ein Treffen mit der schönen Zulu hatte ich mir schon seit Wochen vorgenommen. Für eine Reportage wollte ich unbedingt mehr über die südafrikanische Miss-Szene erfahren. Und ich rechnete fest damit, Nobuntu ein paar prickelnde Kuriositäten entlocken zu können. Darauf würde ich jetzt erst mal verzichten müssen. Schon aus Rücksicht auf Matteo. Mist.

Ich stand auf, meine Zähne klapperten schon. „Komm, lass uns reingehen. Ich spendier' uns noch einen Tee und dann bring' ich dich nachhause, okay?" – „Nein! Keinen Tee! Einen Wodka! Das mit Nobuntu schlägt mir total auf die Gesundheit. Ich fühl' mich schon ganz fiebrig ..." Wie zum Beweis nieste er heftig. „Und da willst du Wodka trinken? Du spinnst ja! Du brauchst einen Tee!" – „Nein, gegen Erkältung hilft Alkohol am besten. Jetzt komm schon, nimm auch einen. Du kannst mich heute nicht allein trinken lassen!"

Matteo wurde natürlich nicht krank. Dafür ich. Und wie. Meine zweite Kap-Grippe, diesmal sogar mit Fieber. Wenigstens stimmte jetzt die Jahreszeit: Herbst. Was überhaupt nicht stimmte, war mal wieder das Timing. In einer Woche, am Ostersamstag, würde der Two Oceans Marathon stattfinden. Schon im Januar hatte ich mich für die Halbmarathon-Variante angemeldet und mich seither jeden zweiten Morgen um sechs Uhr aus dem Bett gequält, um auf der Promenade zu trainieren. Ein Mal im Leben von Zehntausenden angefeuert über die Kap-Halbinsel rennen! Sollte die Schinderei für die Katz gewesen sein?

„Wenn Sie in diesem Zustand starten, liegen Sie danach drei Wochen flach", sagte Ruths Hausarzt trocken, als ich ihn bei seiner wöchentlichen Visite um Rat bat. „Wenn Sie das riskieren wollen, bitte ..."

In der darauffolgenden Nacht wälzte ich mich mit finsteren Gedanken im Bett. Von Minute zu Minute haderte ich mehr mit meinem Schicksal. Dieser blöde südafrikanische Herbst aber auch! In Hamburg wusste man wenigstens, womit man ab November rechnen konnte: Kälte, Regen, Sturm. Ergo trug man Schirm und Pulli. Ganz anders hier: Tagsüber brannte die Sonne so heiß wie im Sommer, doch kaum hatte man sich für Shorts und T-Shirt entschieden, schob sich eine Wolkenwand vor die Sonne und es wurde eiskalt. Und dann auch noch Matteos bescheuerter Nieser! Wahrscheinlich zog der Typ schon wieder mit irgendwelchen Models durch die Bars – und ich lag hier wie ein nasser Lappen. Sollte ich trotzdem starten? Und dann drei Wochen lang krank sein?

Am Ende siegte die Vernunft. Am nächsten Morgen spülte ich meine kleingefetzte Startnummer die Toilette hinunter. Sicher war sicher.

Meine Stimmung am Ostersamstag war entsprechend mies. Schniefend lag ich auf dem Sofa, blickte auf den just heute besonders blauen Himmel vor dem Fenster und ertränkte meinen Frust in Rooibostee. Irgendwann hielt Max mein Gejammer nicht mehr aus. „Kannst du es eigentlich überhaupt nicht vertragen, wenn mal irgendwas nicht genau so klappt, wie du es geplant hast?", rief er wütend. „Das Leben ist doch kein Computerprogramm! Jetzt ruf' gefälligst François an. Vielleicht haben er und Cloé ja Lust, morgen mit uns zu picknicken. Es ist schließlich Ostern. Das Wetter soll toll werden!"

Und so verlagerte ich mein Krankenbett am nächsten Tag auf die Rasenflächen des wahrscheinlich schönsten Parks Südafrikas: des botanischen Gartens von Kirstenbosch. Bei ihrer Gründung 1913 waren die Kirstenbosch Botanical Gardens am Osthang des Tafelbergs die weltweit erste botanische Parkanlage gewesen, die sich vor allem der heimischen Pflanzenwelt widmete. Ein lohnenswertes Projekt, schließlich gibt es am Kap allein 8600 Fynbos-Arten. Doch nicht nur wegen der Pflanzen lieben die Kapstädter ihren Park über alles. Wenn im Sommer auf der Freilichtbühne Bands auftreten, ist die Wiese davor ein einziges Picknickgelage. Schließlich können die Südafrikaner hier ihren liebsten Hobbys auf einmal frönen: Essen und Musik.

Auch am Ostersonntag ähnelte der Park einem Freiluftbuffet. Im Schatten von Palmen und Silver Trees hatten Mütter und Tanten opulente Tafeln bereitet. Die Kinder rannten derweil mit Körben bepackt über die Hänge und klaubten die Schoko-Eier zusammen, die ihre Väter zuvor versteckt hatten.

Ich lag eingewickelt in einer Decke auf unserer Picknickmatte und ließ die Sonne den letzten Rest meiner Grippe wegbrennen. Max' Worte von gestern gingen mir nicht aus dem Kopf. Er hatte ja Recht. Ich war ein schrecklicher Kontrollfreak. In Deutschland war mir das nie weiter aufgefallen. Vielleicht weil das Land selbst alles im Griff zu haben schien: Fahrpläne, Bauprojekte, ja, selbst das Wetter bewegte sich dort in vorhersehbaren Bahnen. Hier unten entpuppte sich meine „Man-muss-alles-machen-wie-geplant"-Mentalität aber immer mehr als echtes Überlebenshindernis. Südafrika war einfach kein Land, in dem man mit einem allzu starren Drehbuch weiterkam. Nicht nur, weil einem jederzeit Streiks, Wetterumschwünge oder ein kollabierendes Auto dazwischengrätschen konnten. Ich musste an das zweite unvorhergesehene Ereignis der vergangenen Woche denken: Sylvia war am Dienstag einfach nicht erschienen. Ohne Entschuldigung. Und an ihr Handy ging nur die Mobilbox. Ich machte mir große Sorgen, sah sie bereits als Opfer einer Minibus-Karambolage am Rand der N2 verbluten. Da kam gegen Mittag endlich eine SMS: „Hi, Krissi, Found other job. Cant come anymore. Bye, Sylvia." So eine Kanaille! Dabei hatten wir ihr den Aprillohn extra im Voraus gezahlt, damit sie vor Ostern ordentlich einkaufen konnte. Ich rief sie sofort an: „Sylvia, du kannst doch nicht einfach aufhören! Was ist mit dem Aprilgeld?" Schweigen in der Leitung. Dann Sylvias wie immer etwas leidende Stimme: „Ohhh ... sorry, Kristina. But other job much better. Every day, not once a week. Understand? I will send my niece. She can clean ... Yes?" Ich seufzte. Na gut, Sylvia musste ja auch zusehen, wie sie ihre Familie ernährte. „Okay, aber dann gibst du deiner Nichte auch den Lohn für April, ja?" „Sure, sure!"

„So, so, ihre Nichte will jetzt putzen", ätzte Venetia, als ich ihr von unserem „Personalwechsel" erzählte. „Ich hab's ja geahnt, dass die Dame eines Tages nicht mehr kommen würde! Typisch Nyanga. Keine Disziplin. Die Nichte ist sicher nicht besser. Wenn du willst, erkundige ich mich, ob eine meiner Freundinnen Zeit hat, den Job zu machen. Alles anständige Coloureds. Soll ich?" – „Äh, nein, lass mal", sagte ich schnell. „Wir gucken erst mal, was die Nichte für einen Eindruck macht. Vielleicht ist sie ja ganz nett ..." – „Nett!" Venetia lachte grimmig. „Ha! Nett sind sie alle! Aber davon wird's nicht sauber! Sagt nicht, ich hätte euch nicht gewarnt ..."

Eigentlich fand ich Venetias scharfes Mundwerk ja wundervoll. Meist waren ihre Bemerkungen nicht nur sehr wahr, sondern auch sehr komisch. Doch ihre ständigen Seitenhiebe auf Schwarze, vor allem, wenn sie in den Townships wohnten, brachten mich in diesem Moment mal wieder fürchterlich auf die Palme. Wie konnte man gegenüber einer bestimmten Gruppe nur so festgefahrene Vorbehalte haben? Vor allem, wenn man vor zwei Jahrzehnten noch selbst zu den Diskriminierten gehört hatte? Das mal witzig, oft aber erschreckend ernst gemeinte Lästern über andere Hautfarben war ein südafrikanisches Alltagsfeature, das mir schon seit einiger Zeit mächtig auf den Wecker ging. Immer dieses verdammte „Wir", das angesichts eines vermeintlich feindlichen „Anderen" betont, abgegrenzt und verteidigt werden musste. Herrgott noch mal, hatte hier denn keiner aus der Vergangenheit gelernt?

O ja, zwischen mir und Südafrika braute sich in diesen Tagen eine handfeste Krise zusammen. Und das hatte längst nicht nur mit Sylvias Kündigung und dem geplatzten Marathon zu tun. Ich war selbst erstaunt über meine plötzliche Verschnupftheit, erklärte mir den Stimmungswandel aber mit der Ernüchterung einer frisch Verliebten: Kaum hat sich der Hormonhaushalt wieder normalisiert, fällt einem auf, dass das Objekt der Begierde neben vielen tollen Seiten eben auch Macken hat. Interessanterweise nervt dabei stets der Charakterzug besonders, den man zunächst als wahnsinnig charmant eingestuft hat. Etwa die freundliche Lässigkeit, die mich hier am Anfang so begeistert hatte: Was nützte es mir, wenn die Dame von der Telkom-Hotline bei jedem Anruf ein fröhliches „How are you today, my dear?" trällerte, wenn mir ihre Firma regelmäßig das Telefon abstellte, weil ich die Rechnung nicht bezahlt hatte, die mich aber stets erst dann erreichte, nachdem ich mich schon einen Tag über die tote Leitung geärgert hatte?

Oder meine geliebte Promenade: Rainbow Nation gut und schön – aber war das Multikulti-Spektakel nicht auch schrecklich zynisch, wenn neben den Flaneuren immer wieder Obdachlose in den Mülltonnen wühlten? Ganz zu schweigen von den alltäglichen Polit-Skandälchen, über die ich mich am Anfang so amüsiert hatte: Nach dem dritten Minister, der trotz Dienstwohnung monatelang auf Staatskosten im Luxushotel residierte, während Tausende Krankenschwestern wegen Unterbezahlung auf die Straße gingen, kam ich mir manchmal vor wie in einem schlechten Sozialmelodram. Nur, dass der Lachende am Ende fast immer der protzende Minister war und nicht die arme Krankenschwester. Kurz: Meine Begeisterung für Südafrika köchelte gerade auf Sparflamme.

Und jetzt dies: ein Autoklau. Am helllichten Tag. Mitten in der Pampa. Nein, das konnte kein Zufall sein. Eher eine Art dramatischer Höhepunkt. Ob wenigstens jetzt endlich Schluss war mit Pleiten, Pech und Pannen? „Vielleicht können wir ja mit dem Zug zurück nach Kapstadt fahren", schlug ich vor, als wir endlich die Hauptstraße von St. James erreichten. Vom Berg aus hatte ich die MetroRail-Bahn einige Mal die Küste entlangzuckeln sehen. „Das wollte ich immer mal ausprobieren ..." – Spinnst du?", fauchte Max. „Ich geh' doch jetzt kein

Risiko mehr ein! Der Zug führt durch die Cape Flats. Am Ende werden wir da noch überfallen. Ich ruf' besser François an und frag', ob er uns abholen und zur nächsten Wache fahren kann. Er wollte in Muizenberg surfen ..."

François hatte gerade sein Surfbrett im Auto verstaut, als Max ihn erreichte. Zehn Minuten später hielt sein Citi Golf vor dem Bahnhof. Mit nackten Füßen, an denen noch Sand klebte, rannte er uns entgegen. „Ihr Armen!", rief er. „Ich weiß genau, wie es euch geht! Mein Auto wurde auch schon zweimal gestohlen. Aber bei Autodiebstählen sind die Cops echt fix! Beide Male war der Golf kurz darauf wieder da. Ihr müsst nur so schnell wie möglich Anzeige erstatten. Los, in Muizenberg ist die nächste Wache ..."

Wir quetschten uns neben sein Surfbrett und François startete den Motor. Höö, machte der Golf. Höö. „Eish, das darf nicht wahr sein!" Er drehte den Zündschüssel erneut herum: Höö.

„Jou ma se!!!", zischte François durch die Zähne und haute die Faust aufs Lenkrad. Dann drehte er sich zu uns um. „Das ist mir schon mal passiert. Der Zünder spinnt. Ohne Profi krieg' ich das nicht hin. Ich muss den AA anrufen ... Kak!"

Der Pannennotdienst der Automobile Association of South Africa, kurz: AA, kam nach rekordverdächtigen zwanzig Minuten. Doch der Mechaniker stocherte nur ratlos im Zündschloss herum. „Dazu bräuchte ich mehr Werkzeug", sagte er und kratzte sich am Ohr. „Am besten, Sie rufen den Abschleppdienst."

So geschah es. „Just now", der südafrikanische Euphemismus für „irgendwann später", würde der Wagen da sein, versprach die Zentrale. François seufzte und bestellte sich im Café neben dem Bahnhof erst mal ein Steak.

Um ihm Gesellschaft zu leisten, waren Max und ich zu nervös: Die Anzeige mussten wir heute aufgeben, notfalls in Sea Point. „Dann eben doch Zug", knurrte Max, nachdem wir alle sonstigen Alternativen ausgelotet hatten. Mit grimmiger Miene stopfte er seinen Geldbeutel in die Innentasche des Rucksacks. „Wenn das mal gut geht ..."

Es ging hervorragend. Und ich empfand die 45-minütige Fahrt mit der MetroRail sogar als Höhepunkt des Tages: Ellbogen an Ellbogen mit sonntäglich herausgeputzten Coloureds-Familien rumpelten wir die Bungalows von Retreat und Lakeside entlang. Die untergehende Herbstsonne tauchte das Wagon-Innere in goldenes Licht, und die Stimmung war so gelöst und friedlich, dass sich auch Max bald entspannte und den Rucksack losließ. Bei einer der mobilen Verkäuferinnen, die an jeder Station mit Körben voller Bonbons zustiegen, erstanden wir ein Tüte Drops. Die lutschten wir schweigend und schauten durchs Fenster auf den vorbeiziehenden Tafelberg.

Für mich wurde die Zugfahrt zum Beleg für meine neueste Südafrika-Erkenntnis: Die besten Erlebnisse hatte man in diesem Land anscheinend, wenn man sich über unvorhergesehene Ereignisse einfach nicht mehr ärgerte. Krachte einem ein Felsbrocken vor die Füße, schlug man sich einfach ins Gebüsch und bahnte sich einen neuen Weg. Hatte man Glück, war der sogar schöner als der ursprünglich geplante. So einfach war das.

Der Polizist, der zwei Stunden später in unserem Wohnzimmer saß und das Polizeiprotokoll aufnahm, machte uns keine großen Hoffnungen: „Eigentlich finden wir die Hälfte der Autos innerhalb weniger Wochen. Bei Ihrem Modell bin ich mir aber nicht so sicher. Ältere Toyotas werden gern als Einzelteile verhökert. Könnte also sein, dass gerade Sie Pech haben. War das Auto denn versichert?" Wir nickten. „Dann sagen Sie der Versicherung auf jeden Fall schon mal Bescheid. Das Formular können Sie morgen auf der Wache abholen." Er stand auf und reichte uns die Hand. „Trotzdem viel Glück!"

Wir blieben etwas geknickt zurück. Würden wir jetzt wieder von Händler zu Händler tingeln und uns wie beim Toyota übers Ohr hauen lassen müssen? „Ich brauch' erst mal eine Dusche", stöhnte Max schließlich und schlurfte ins Bad. Während er dort zugange war, checkte ich meine Mails. Vor ein paar Tagen hatte ich Anja, einer befreundeten Kollegin aus meiner ehemaligen Redaktion, ein Exposé für eine Reportage geschickt. Vielleicht gab es ja wenigsten hier gute Nachrichten und sie wollte die Geschichte.

Tatsächlich hatte Anja schon am Freitag gemailt. Allerdings von ihrem privaten Account aus, nicht von dem der Redaktion. Das war merkwürdig. Ebenso wie der Betreff: „Ich fass' es nicht ..."

Ich öffnete die Nachricht. Sie war kurz:

„Jetzt halt' dich fest: Ich und fünf andere wurden eben entlassen. Zum 1. August. Betriebsbedingt. Den Vertrag nach deiner Rückkehr kannst du knicken ... Rufst du mich mal an? Hier brennt gerade die Hütte. Anja."

„Die Dusche ist frei!", rief Max über den Flur. „Magst du ins Bad?" Ich starrte noch immer auf die Mail. Mir war plötzlich speiübel. Ich hatte doch alles so gut geplant. Ein Jahr Abenteuer, dann erst mal zurück in den alten Trott. Kraft schöpfen, weiterplanen. Was sollte ich jetzt machen? Hier bleiben? Oder zurückgehen – ohne Job?

Ich wählte Anjas Nummer. Während ich dem Tuten lauschte, fühlte ich mich unendlich müde. Wie würde es weitergehen? Was sollte ich tun? Zum Mal-eben-Umrunden war dieser Felsbrocken eindeutig ein paar Nummern zu groß.

Südafrikanisch für Anfänger

Lektion 7: Machen Sie Ihrem Ärger Luft!

Sie haben öfter mal Stimmungsschwankungen? Dann werden Sie es am Kap lieben! Die südafrikanische Seele mäandert nämlich ständig zwischen himmelhoch jauchzend und zu Tode betrübt. Manchmal irritiert das ein wenig. Etwa wenn die Kneipenbekanntschaft plötzlich von der Hymne auf die gelungene WM 2010 („Yes, Afri-can!") zur Tirade über den Zustand der national roads wechselt, gern mit dem düsteren Zusatz: „Shame, this is South Africa ..." Man kann das ergeben ausschweigen. Oder man lässt sich vom Ehrgeiz packen und misst sich mit seinem Gegenüber in einer südafrikanischen Königsdisziplin: dem lustvollen Granteln. Mit drei Klassikern können Sie nichts falsch machen: 1. *Kriminalität* (Lieblingsthema der Weißen): Ist grundsätzlich am Steigen (obwohl die Statistik das Gegenteil sagt; um der besseren Polemik willen lassen Sie solche lästigen Details aber besser unter den Tisch fallen). Bedroht vor allem Weiße (dito). Und wird bald überhandnehmen, sodass nur die Flucht nach Australien bleibt. 2. *Arbeitsmarktmisere* (der Türöffner bei Schwarzen und Coloureds): Ist wahlweise Schuld der Weißen (die sich die Posten zuschachern) oder des ANC (der nur Linientreue protegiert). Und muss jetzt endlich verschwinden, wozu hat man seine Jugend schließlich dem Freiheitskampf geopfert! Daran anschließen lässt sich die Klage über 3. *Korruption und Vetternwirtschaft* (bei allen Hautfarben): Die ist nämlich zum großen Teil schuld daran, dass das Sozialgefälle am Kap derzeit das zweitgrößte der Welt ist und innerhalb der schwarzen Community sogar noch krasser verläuft als zwischen Schwarz und Weiß. Dank operettenhafter Darstellerriege (vom neureichen Ex-Gangster bis zur südafrikanischen Version von Paris Hilton) der wahrscheinlich dankbarste Lästergarant.

Genug geschimpft? Dann blättern Sie bitte zu Lektion 8.

Mai

„EXCUSE ME, M'AM?" Ich öffnete die Augen. Vor meiner Nase schwebte ein Raumschiff. Darauf türmten sich allerhand sonderbare Bauten, die einer Aluschale, einem Joghurtbecher und einer Papptasse erstaunlich ähnelten. Das Raumschiff wackelte ein bisschen und landete auf meinen Knien.

„Your breakfast. Would you please use the table in front of you?" Ah, natürlich. Ich saß im Sechs-Uhr-Flieger nach Johannesburg. Und das Raumschiff, das eben auf meinem Schoß gelandet war, war eigentlich das Tablett mit dem Frühstück. Moment, Frühstück? Mein Kopf flog herum. „Entschuldigung?" Die Stewardess, eine perfekt geschminkte Schwarze mit streng nach hinten gekämmten Haaren, hatte ihren Wagen schon weitergeschoben und drehte sich etwas genervt um. „Ja?" – „Ich hätte so gern das Obstfrühstück statt der Eier. Haben Sie noch eins übrig?" – „Nein." Na danke, sie hatte noch nicht mal nachgeguckt. Ich wandte mich wieder dem Tablett zu, pfriemelte den Deckel von der Schale und seufzte: Würstchen und Rührei. Von meinen letzten SAA-Flügen wusste ich: Das Ei war eigentlich immer okay. Das Würstchen hingegen schmeckte wie gelierte Brühwürfel. Resigniert griff ich zum Besteck.

„Wenn du ganz sicher ein Obstfrühstück abbekommen willst, musst du bei der Onlinereservierung ‚vegetarian' anklicken", sagte eine Stimme neben mir. „Mach' ich auch immer. Erspart mir viel Ärger." Ich blickte nach rechts. Neben mir saß eine junge Schwarze im taillierten Anzug. Die Haare hatte sie zu einem kurzen Afro gestutzt, ihre Finger, die auch während des Essens wild auf einem Laptop herumtippten, krönten perfekt modellierte French Nails. Die meisten Frauen um mich herum sahen so aus. Kein Wunder, schließlich saßen im Frühflieger Kapstadt – Joburg vor allem Geschäftsleute. Johannesburg, die Dreieinhalb-Millionen-Stadt im Norden Südafrikas, war nun mal Handelsmetropole des Landes. Und wer als Kapstädter dort durchstarten wollte, musste sich entscheiden: ganz nach iGoli, so der Zulu-Name für Johannesburg, ziehen – oder pendeln.

„Danke für den Tipp", sagte ich. „Werde ich nächstes Mal sicher tun. Sie fliegen die Strecke wohl oft?" – „Nein, nur alle paar Wochen. In Kapstadt wohnt meine Familie, die habe ich übers Wochenende besucht. Ich lebe aber in Joburg ..." Sie streckte mir die Hand entgegen. „Ich heiße übrigens Xoli. Und wer bist du?" „Kristina." „Nice to meet you. Was führt dich denn nach Joburg? Du bist nicht von hier, stimmt's?"

„Nein, aus Deutschland. Ich arbeite hier nur für ein Jahr. In Joburg habe ich ein Interview. Ich bin Journalistin." „Oh!" Die Frau riss ihre Augen auf. „Wie toll! Das wollte ich auch mal werden. Meine Eltern bestanden aber darauf, dass ich BWL studierte. Sie meinten, da fände ich schneller einen Job ..."

Ich lächelte etwas gequält. Auf eine Diskussion über Jobperspektiven war ich momentan nicht so scharf. Die letzten vier Wochen waren eine einzige Achterbahnfahrt gewesen. Natürlich hatte ich gleich am Montag nach Anjas Mail meine Ressortleiterin angerufen und mich nach meinem Vertrag erkundigt. Die Antwort war wie befürchtet: Neue Verträge würden bis auf Weiteres nicht ausgestellt werden. „In einem Jahr ist vielleicht schon wieder alles anders", versuchte meine ehemalige Chefin mich zu trösten. „Zurzeit kann ich aber nichts versprechen. Kannst du nicht länger da unten bleiben?"

Das war natürlich auch mein erster Gedanke gewesen: einfach noch bleiben. Aufträge hatte ich ja genug. Doch es gab ein Problem: Max. Der musste nämlich spätestens am 1. November wieder an seinem Hamburger Schreibtisch sitzen. Verlängern wollte seine Redaktion den Aufenthalt nicht. Sollte ich alleine hier bleiben?

Was bei mir vor einem Jahr noch für freudiges Herzflattern gesorgt hätte, erschien mir plötzlich gar nicht mehr so verlockend. An das Zusammenleben mit Max hatte ich mich mehr gewöhnt als vermutet. Beim Gedanken an eine Fernbeziehung, bei der man sich vielleicht alle zwei Monate sah, wurde mir etwas mulmig. Max ging es ebenso. Er lieferte mir aber auch noch ein sachliches Argument: „Glaubst du, dass es in drei Jahren leichter sein wird, in Deutschland wieder einen Job zu finden? Wenn du nicht ganz auswandern willst, musst du irgendwann zurück. Und je länger du weg warst, desto schwieriger wird das."

Das war leider wahr. Ich verwarf die Idee. Und träumte prompt wieder meinen Schwimmbadtraum: ich, am Rand eines Beckens, unfähig zu springen, weil ich nicht wusste, wohin. Ein halbes Jahr war ich davon verschont geblieben. Zu viel Neues war passiert, zu wenig Zeit war geblieben, Zukunftssorgen zu wälzen. Jetzt rannte ich wieder Nacht für Nacht an einem imaginären Beckenrand hin und her und fürchtete mich vor dem, was mich erwarten würde, wenn ich versehentlich den falschen Sprungblock wählte.

„Du machst dir zu viele Gedanken", diagnostizierte Max. Was unbedingt stimmte. „Du musst lockerer werden", riet er. Was ebenfalls stimmte. Mir aber nicht weiterhalf. Ich beschloss, den Kopf zur Abwechslung mit anderem Stoff als furchteinflößenden Schwimmbädern zu füttern, und mietete mir als Ersatz für den noch immer verschollenen Toyota einen uralten Mini Cooper. Mit ihm knatterte ich ins fünfzig Kilometer entfernte Franschhoek. Zum Literaturfestival.

Das Festival hatte mir ein Mitarbeiter meines Kapstädter Lieblingsbuchladens „Book Lounge" empfohlen. Ein paar Dutzend südafrikanische Autoren diskutierten dort jedes Jahr im Mai drei Tage lang mit ihren Lesern über Bücher, Gott und die Welt. Zwischendurch probierte man die Weine der umliegenden Güter, stärkte sich in einem der exzellenten Restaurants des Hugenotten-Städtchens oder wühlte sich durch die Neuerscheinungen der Verlage. Kurz: Es war ein Fest der Sinne, ausgelegt auf Entspannung und Genuss. Nichtsdestotrotz sprengte auch hier die nicht immer ganz so gefällige südafrikanische Realität das Idyll. Und zwar in Gestalt des Autors Rian Malan.

Malan, ein scharfzüngiger grauer Fuchs Mitte fünfzig, entstammte einer Hugenotten-Familie, die in der südafrikanischen Politik über Jahrhunderte kräftig mitgemischt hatte. Malan selbst hatte als Polizeireporter die Verbrechen des Apartheid-Staates Ende der 1980er aus nächster Nähe beobachtet und in „Mein Verräterherz" sehr persönlich darüber berichtet. Ich hatte das Buch verschlungen. Noch nie hatte ich etwas gelesen, was die innere Zerrissenheit des weißen Südafrika zwischen Schuld und Angst besser auf den Punkt gebracht hätte.

Auch mehr als zwanzig Jahre nach seinem Bestseller schien Malan noch immer mit Hingabe an seinem Land zu leiden. „Wie kann es sein", brach es jetzt auf einer Podiumsdiskussion in Franschhoek aus ihm heraus, „dass wir seit 1994 von einer Krise in die nächste schlittern – und keiner tut was dagegen?" – „Ach, Rian ...", unterbrach ihn sein indisch-stämmiger Kollege Imraan Coovadia mit ironischem Grinsen. „Du weißt doch, wir sind eine manisch-depressive Nation. Ständige Krisen gehören zu unserer Natur!" – „Unsinn!", konterte Mandla Langa, ein schwarzer Autor, der als ANC-Mitglied lange im Gefängnis gesessen hatte. „Wir haben keine Krise! Wir haben ein Problem: Wir brauchen eine neue Identität!"

„Hach, herrlich!", prustete Max, als ich ihm zuhause von dem Streit erzählte. „Du scheinst nicht die Einzige zu sein, die gerade unter einer Sinnkrise leidet. Eine ganze Nation auf Selbstsuche. Findest du nicht, das solltest du nutzen?" – „Hä? Wie soll ich das denn nutzen?" – „Na ja, immerhin haben die Südafrikaner dir ein paar Jahre Selbstfindungstrip voraus. Vielleicht kannst du dir ja was abgucken? Krisenbewältigung mit

Nelson Mandela, Selbstmotivation mit Rian Malan ..." – „Idiot!"
Ich boxte ihn in die Seite. „Du nimmst mich nicht ernst! Ich
versuch' grad, mein Leben neu zu sortieren. Und du blödelst
hier rum ..."

Als ich in der folgenden Nacht mal wieder vor mich hin-
grübelte, fand ich Max' „Tipp" plötzlich gar nicht mehr so doof.
Klar, der Vergleich ich/Südafrika hinkte auf allen Füßen. Andererseits: Krisen waren etwas allgemein Menschliches. Wieso
sollte ich nicht mal die Augen offen halten und gucken, wie
meine aktuellen Landsleute damit umgingen? Mit Krisenbewältigung und Identitätssuche in irgendeiner Art beschäftig-
ten sich hier ja fast alle, mit denen ich bisher zu tun gehabt
hatte ...

Im Flieger nach Johannesburg hatte Xoli inzwischen wieder begonnen, auf ihrem Laptop herumzuhacken. Ich hatte
plötzlich ein schlechtes Gewissen: Hatte ich sie mit meinem
Schweigen eben womöglich beleidigt? Aus den Augenwinkeln
musterte ich ihr Notebook genauer. Den Bildschirmhinter-
grund zierte eine Fotomontage: die Skyline von Johannesburg
vor dem Massiv des Tafelbergs. Ich tippte ihr vorsichtig auf
den Arm. „Das ist ja ein interessantes Bild", sagte ich und lächelte. „Du kannst dich wohl nicht entscheiden, welche Stadt
dir besser gefällt, was?" Zu meiner Erleichterung lachte Xoli
sofort belustigt auf. Sie war wohl ganz dankbar für eine Unter-
brechung. „Das kannst du laut sagen. Das ist fast, wie wenn du
in zwei Typen gleichzeitig verknallt bist ..." – „Was magst du
denn an Joburg und was an Kapstadt?" Xoli sah auf die Uhr.
„Okay, ich hab' eh genug gearbeitet." Sie klappte ihr Laptop zu
und nahm sich noch ein Stückchen Obst. „Wenn du dazu meine Meinung hören willst, dauert das ein nämlich bisschen ..."

Als wir um 7.45 Uhr zur Landung auf dem OR-Tambo-
Flughafen ansetzten, hatte mir Xoli eine detaillierte Pro- und
Kontraliste für beide Metropolen erstellt. Betrachtete man die
Städte durch ihr Lover-Schema, entsprach Kapstadt dem kunst-

interessierten Lebemann, mit dem man sich nach getaner Arbeit zum relaxten Champagnerpicknick am Strand traf. Joburg hingegen verkörperte den vor Energie sprühenden Businessman, der zwar anstrengend war, einen dafür aber auch ständig zu neuen Ideen und Projekten inspirierte. „Wenn du was reißen willst, musst du nach Joburg", sagte sie. „Kapstadt trägt ja nicht umsonst den Spitznamen Slaapstadt. Hier kannst toll essen, feiern, wandern und am Strand liegen. Das Geld, um dir den Spaß zu finanzieren, verdienst du aber am schnellsten in Joburg." Vor allem junge Schwarze hätten dort bessere Perspektiven. „In Kapstadt passiert es mir oft, dass ich in ein teures Geschäft gehe und die Verkäuferin hinter mir herschleicht, weil sie glaubt, eine Schwarze könne sich die Ware eh nicht leisten. Kapstadt ist für mich noch immer eine weiße Kolonialstadt, mit Strukturen, die Weiße begünstigen. Joburg ist viel bunter."

Trotzdem genoss es Xoli immer wieder, für ein paar Tage zur Mothercity zurückzukehren. „Das Tolle an Kapstadt ist ja: Du musst deine Freizeit nicht komplett in Malls, Fitnessstudios oder Wohnkomplexen verbringen. Du shoppst einfach auf der Long Street oder wanderst auf den Signal Hill. In Johannesburg ist das undenkbar! Schon allein wegen der Kriminalität. Und dann ist die Stadt ja auch völlig zersplittert, es gibt kein Zentrum wie in Kapstadt, wo man einkaufen und ausgehen kann, sondern viele verschiedene Zentren. Die liegen aber alle weit auseinander. Deshalb ist jeder nur per Auto unterwegs. Und steckt ständig im Stau. Na, du wirst es ja sehen ..."

Tatsächlich war das Erste, was ich an diesem Morgen von Johannesburg mitbekam, eine im Schritttempo kriechende Blechkolonne. „Können wir nicht eine andere Route nehmen?", fragte ich den Taxifahrer. „Sorry M'am, it's rush hour ..." Ich ließ mich zurück auf den Sitz fallen. Das fing ja gut an. Mein letzter und bislang einziger Joburg-Trip war ganz anders verlaufen: Max und ich hatten Sehenswürdigkeiten wie das Apartheid-Museum oder das neue Verfassungsgericht mit einem Mietwagen erkundet. Die Rushhour hatten wir so meist vermieden, außerdem hatten wir sowieso alle Zeit der Welt. Heute würde ich per Taxi unterwegs sein, da mir vor dem Verkehrschaos graute. Und ich war in Eile. Um zwei hatte ich eine Verabredung mit der Schriftstellerin Nadine Gordimer. In ihrem Haus im Villenvorort Parktown sollte ich die fast Neunzigjährige für eine Zeitschrift interviewen. Nebenbei wollte ich die Nobelpreisträgerin zu meinem ersten Coach in Sachen Krisenbewältigung machen. Ihre Biografie verhielt sich nämlich zu meiner wie eine Rafting-Tour auf dem Sambesi zu einem Tretbootausflug auf der Alster: Als offene Apartheid-Gegnerin hatte sie es oft schwer gehabt. Wieder und wieder waren ihre Bücher verboten worden. Einige ihrer besten Freunde wurden wegen Hochverrats verhaftet. Trotzdem war sie Südafrika treu geblieben. Und dem Glauben an ein Land, in dem alle Rassen gleichberechtigt leben können. Wie hatte sie es geschafft, sich trotz aller Rückschläge nicht entmutigen zu lassen?

Um zehn setzte mich der Fahrer endlich in der Fox Street im Stadtzentrum ab. Vor dem Termin in Parktown wollte ich mir die Innenstadtviertel Marshalltown und Newtown ansehen, die laut Xoli längst nicht mehr so gefährlich seien wie noch vor wenigen Jahren. Vor dem ehemaligen Anwaltsbüro von Nelson Mandela sollte mein Stadtrundgang starten. Doch er begann mit einer Enttäuschung: Das historisch so bedeutende Gebäude gegenüber dem Amtsgericht war eine abbruchreife Ruine. Pappkartons waren notdürftig vor zerbrochene Fenster genagelt, es stank nach Müll.

„Ist das das ehemalige Büro von Mandela?", fragte ich einen der Sicherheitsleute vor dem Gericht. Der Mann nickte. „Seit wann ist das denn so verfallen?" Der Mann dachte nach. „Also, ich arbeite hier seit fünf Jahren", sagte er dann. „So lange sieht's da sicher schon so aus ..." – „Gab es nie Pläne für eine Renovierung?" – „Das Einzige, was ich weiß, ist, dass sie dort mal ein Zentrum für schwarze Anwälte eröffnen wollten. Die Stadt schafft es aber nicht, Wohnungen für die squatters zu organisieren, also für die Leute, die jetzt noch illegal in dem Haus wohnen. Wegen irgendwelcher rechtlicher Probleme. Mehr weiß ich auch nicht ..."

Ich verabschiedete mich und wandte dem Haus schnell den Rücken zu. Während ich weiterging, stieg eine Frustwelle in mir hoch. Die Langsamkeit, mit der sich in Südafrika manches bewegte, oder besser: nicht bewegte, machte mich immer ganz ungeduldig. Mit dem Kapstädter District Six war es ja genauso: Seit Jahrzehnten lag die Fläche brach, Fortschritte wurden, wenn überhaupt, im Zeitlupentempo erkämpft. Dass manche Aktivisten trotz fast unüberwindbarer bürokratischer Schranken unverdrossen weiterkämpften, bewunderte ich sehr. Würde ich dieselbe Ausdauer beweisen? Ich fürchte: nein.

Das Zentrum von Johannesburg war weitaus größer, als ich erwartet hatte. Was auf der Karte wie ein überschaubares Geschäftscarré gewirkt hatte, entpuppte sich als Gitternetz kilometerlanger Häuserschluchten. Mein Plan war gewesen, in einem weiten Halbkreis zum Market Theatre nach Newtown zu flanieren. Doch kaum hatte ich die ersten verspiegelten Wolkenkratzer von Marshalltown erreicht, begann es plötzlich, wie aus Eimern zu gießen. Ich wuchtete mir meine Tasche auf den Kopf und sprintete so lang kreuz und quer zwischen hupenden Autos durch, bis ich unter der Markise eines China Shops Schutz fand. „Umbrella?", fragte die Verkäuferin sofort diensteifrig. Ich nickte keuchend. Mit Schirm wagte ich mich erneut auf die Straße.

Doch, o Schreck, plötzlich hatte ich keine Ahnung mehr, wo ich mich befand. Statt Hochhäuser umgaben mich nun niedrige Ladenzeilen mit Discounter-Shops, überall wuselten Frauen mit Körben und Plastikschüsseln auf den Köpfen, abgerissene Typen riefen mir Unverständliches auf IsiZulu hinterher. Der Stadtplan, den ich mir aus dem Internet ausgedruckt hatte, war kaum mehr lesbar. Und als ich einen älteren Shopbesitzer bat, mir darauf unseren und den Standpunkt des Market Theatre zu zeigen, hielt er ihn zudem falsch herum. „Go straight ahead!", schrie er irgendwann über das Regengeprassel und zeigte in die Sintflut vor der Tür.

Ich wollte schon aufgeben, einfach in dem Laden das Ende des Unwetters abwarten, zwischen Kanistern mit Speiseöl und Regalen voller Bleichcreme. Da sah ich hinter den Wasserschleiern ein Auto mit Taxischild. Die Rettung! Der Fahrer hatte sich zwar gerade den Sitz zum Nickerchen heruntergeklappt und weigerte sich erst, die Tür zu öffnen. Als ich aber eine Hundert-Rand-Note aus der Tasche fischte und an die Scheibe presste, öffnete er die Tür: „Come in!"

Wir krochen durch den Regen wie durch eine Waschstraße. Die Scheibenwischer funktionierten nicht, das linke hintere Fenster ließ sich nicht schließen. Ich kauerte auf der rechten Fahrbankseite und betete still. Nach einer halben Ewigkeit erreichten wir das Theater. Ich wankte in den nächsten Coffeeshop, wrang Kleider und Haare aus. Ruth hatte Recht: Taxifahren in Johannesburg war die Hölle. Beim nächsten Mal würde mich diese Stadt nur im Mietwagen sehen. Dumm nur, dass ich jetzt noch zu Frau Gordimer musste. Ich wählte eine der Taxi-Nummern aus meinem Reiseführer.

„Guten Tag, ich bräuchte einen Wagen nach Parktown, vom Market Theatre aus ..." – „Sorry, M'am, wir machen nur Fahrten zum Flughafen."

Nächste Nummer: „Sorry, nur Flughafenfahrten ..."

Nächste Nummer: „Sorry ..."

Nach der fünften gab ich auf. Es war jetzt zwanzig vor zwei. Ich musste dringend eine andere Lösung finden. Ich zahlte und verließ das Café. Wenigstens hatte der Regen jetzt aufgehört. Neben dem Africa Museum lehnten ein paar Männer an ihren Autos und rauchten. Und hurra – eines trug tatsächlich ein Taxischild! „Können Sie mich zur Frere Road nach

Parktown bringen?", fragte ich den Mann daneben. Er wirkte freudig überrascht. „Sure, sure." Er öffnete die Tür und ging dann erstmal zurück zu seinen Kumpels. Alle begannen, wild zu diskutieren und in verschiedene Richtungen zu zeigen. Nach fünf Minuten kam er zurück. „Alles in Ordnung?" „Sure, sure." „Sie wissen den Weg aber schon?" „Sure, sure."

Man muss gerecht sein: Bis nach Parktown kamen wir ohne Probleme. Die Frere Road jedoch blieb unauffindbar. Als wir um zehn nach zwei noch immer orientierungslos herumkurvten und der Taxifahrer mir mit verlegenem Lächeln gestand, noch nie in seinem Leben in der Gegend gewesen zu sein und das Taxi nur für eine Privatfahrt von seinem Kumpel geborgt zu haben, er selbst sei eigentlich Bauarbeiter – da fasste ich einen Entschluss. Ich rief bei Nadine Gordimer an.

„Frau Gordimer, es tut mir leid, aber ich glaube, wir haben uns verfahren ..." Kleiner Seufzer in der Leitung, dann die routinierte Anweisung: „Reichen Sie dem Fahrer das Handy!" Zwei Minuten später hatte sie uns souverän durchs Villenlabyrinth gelotst. An der Tür ihres Hauses erwartete sie mich: eine zierliche Dame, zerbrechlich fast, mit wachen grauen Augen, der Händedruck war überraschend fest. „Ich hatte schon fast mit einem Anruf gerechnet", sagte sie und lächelte fein. „Irgendwen muss ich ständig hierher dirigieren. Lieferanten, Journalisten ... Dabei liegt das Haus doch gar nicht so versteckt. Finden Sie nicht?"

Im Vergleich zu den Villen ringsum wirkte ihr Haus, ein von tropischen Pflanzen umwuchertes Bauhaus-Anwesen, tatsächlich geradezu offen. Bis vor kurzem habe sie noch nicht mal eine Alarmanlage gehabt, erzählte Gordimer, als sie mich über die dunklen Dielen des Flurs ins Kaminzimmer führte. Doch dann sei sie eines Nachts überfallen worden, die Diebe hätten fast ihre Haushälterin vergewaltigt. Seitdem hing auch an ihrem Tor ein Armed-response-Schild.

Fast zwei Stunden unterhielten wir uns. Gordimer saß mit

Strickjacke auf den Schultern kerzengerade auf der Couch, umgeben von Büsten, vergilbten Zeitschriften, Bücher- und CD-Stapeln. Ab und zu wies sie ihre aufgeregt umher wetzende Weimaraner-Hündin zurecht oder bat ihren schwarzen Hausdiener, uns zum Tee Milch und Zucker zu bringen. Ansonsten erzählte sie wie ein Wasserfall. Von ihrem 2001 verstorbenen, jüdischen Mann Reinhard Cassirer, der nach seiner Flucht aus Nazideutschland in Südafrika eine neue Heimat gefunden hatte. Von ihrer besten Freundin, der burischen Gewerkschafterin Betti du Toit, die 1960 wegen ihres Anti-Apartheid-Engagements ins Gefängnis musste und die sie dort verbotenerweise besucht hatte: „Ich sagte dem Pförtner einfach, ich sei ihre Schwester." Von ihrer ungebrochenen Lust am Reisen: „Ihr Europäer könnt euch das nicht vorstellen. Aber wer hier lebt, muss ein Nomade sein. Sonst bekommt er nichts mit von der Welt ..."

Auch über ihre zwischen Euphorie und Krise taumelnde Heimat unterhielten wir uns. Wie sie denn die Zukunft des neuen Südafrikas sehe, wollte ich wissen. Würde das Land seine Probleme irgendwann in den Griff bekommen? Es war der einzige Moment, in dem Gordimers druckreifer Redeschwall stockte und sie offensichtlich nach angemessenen Worten suchen musste. „Natürlich bin ich nicht zufrieden, wie die Dinge derzeit laufen", sagte sie dann. „Meine Enttäuschung hat aber sicher auch mit der Erwartung zu tun, die ich und meine Freunde früher hatten: Wenn die Apartheid erst mal überwunden wäre, würde alles sofort wundervoll! Jetzt haben wir sie überwunden – und natürlich gibt es sofort neue Probleme. Auch solche, mit denen keiner gerechnet hatte. Aids zum Beispiel. Am bittersten für mich ist aber die Korruption. Was habe ich die Männer, die jetzt an der Macht sind, für ihren Mut und ihre Visionen bewundert! Jetzt hört man von vielen nur: Ich will! Noch ein Auto! Noch ein Haus! Es mag menschlich sein, dass man den Hals nicht vollkriegt, wenn man lange gar nichts haben durfte. Aber diese Leute hatten doch mal Ideale!"

Trotzdem dürfe man Südafrika nicht aufgeben: „Wissen Sie, 1994 war für uns wie eine große Party. Jetzt haben wir einen Kater. Das ist normal. Gerade Sie als Deutsche sollten das kennen. Nach dem Mauerfall war es bei Ihnen ja ähnlich. Doch wir dürfen uns nicht entmutigen lassen. Gerade jetzt müssen wir aufstehen, die Probleme anpacken! Und wissen Sie was? Wir werden das auch tun. Ich bin eine realistische Optimistin. Wir werden Lösungen finden. Es wird nur länger dauern, als wir dachten. Wir bügeln gerade die Folgen von drei Jahrhunderten Rassismus aus! Sollen wir das in weniger als einer Generation schaffen? Seien Sie fair, lassen Sie uns Zeit!"

Ich fand, das war eine gute Gelegenheit, endlich die Frage zu stellen, die mich privat am meisten interessierte. „Wie schaffen Sie es eigentlich, so optimistisch zu bleiben? Sowohl während der Apartheid als auch heute sind die Hindernisse doch oft gewaltig ..."

Gordimer lächelte. „Ich glaube, das habe ich meinem Mann zu verdanken. Er war es gewohnt, unter extremsten Bedingungen zu überleben. Als Jude hatte er in Nazideutschland gelebt, musste fliehen. Und hier, in diesem merkwürdigen Land, ganz von vorn anfangen. Er sagte mir immer: Egal, welche Hindernisse sich uns in den Weg stellen, wir werden einen Weg finden, sie zu überwinden. Was für eine großartige Perspektive! Und auch etwas anderes dürfen Sie nicht vergessen: Wir hatten lange ein großes Ziel, das wir unbedingt erreichen wollten. Wir wollten die Apartheid besiegen. Das spendet viel Kraft."

Ich nickte begeistert. Das klang ja fast wie meine Felsbrocken-Theorie! Auch wenn Gordimer es natürlich etwas vornehmer beschrieb. Leider vergaß ich vor lauter Euphorie völlig, eine zweite, fast noch wichtigere Frage zu stellen: Was war, wenn man das große Ziel, von dem sie sprach, erst noch finden musste?

Als ich nach dem Interview wieder im Taxi saß, ließ mich das Thema nicht los. Die Frage nach dem Ziel war ja nicht nur mein Problem. Sie war auch das große Thema Südafrikas. Wohin sollte die Reise gehen, nachdem man so heldenhaft die Ketten gesprengt hatte? Momentan erinnerte mich das Land an einen pubertierenden Teenager: eben noch berstend vor Idealismus und Tatendrang, im nächsten Moment zutiefst genervt, weil irgendwas nicht ganz so klappte, wie man es sich erträumt hatte. Und über all dem, da hatte der Autor Mandla Langa in Franschhoek schon Recht gehabt, schwebte die große Suche nach einer neuen Identität. Was bedeutete es, Südafrikaner zu sein? Welche Werte verbanden die Menschen, die hier lebten? Für ein Volk, das jahrhundertelang alles darangesetzt hatte, die Unterschiede zwischen den Menschen zu betonen statt ihrer Gemeinsamkeiten, war das wahrhaft keine leichte Frage.

Ich war so in Gedanken, dass ich nicht mitbekam, dass wir unser Ziel längst erreicht hatten. „Da wären wir: 44 Stanley Avenue ... 50 Rand, bitte." Ich seufzte erleichtert. Die Fahrt hatte mich einen Bruchteil meiner morgendlichen Odyssee gekostet. Aber am Steuer saß ja auch Gordimers Lieblingstaxifahrer. Als ich ihr von meinen Problemen erzählt hatte, hatte sie ihn angerufen, zehn Minuten später stand er vor dem Haus: Robert, ein gemütlicher Zulu mit grauen Schläfen. „Wenn Sie in Johannesburg leben", hatte sie gesagt, „brauchen Sie entweder ein Auto oder Robert." Er würde mich auch abends zum Flughafen bringen, um 21 Uhr ging der letzte Flieger. Vorher wollte ich aber noch mit François' Freundin Liezel einen Kaffee trinken.

Als François Liezel nach unserem Gespräch am Lagerfeuer erzählt hatte, dass ich mich für die jüngste Vergangenheit Südafrikas interessierte, hatte sie mich sofort angerufen. „Lass uns ins 44 Stanley gehen", hatte sie vorgeschlagen. „Dann lernst du Joburg mal abseits der Malls kennen ..."

Genau genommen war natürlich auch das 44 Stanley eine Mall. Freilich eine sehr alternative. In einem Fabrikkomplex aus den 1930ern hatten sich Galerien und Cafés niedergelassen. Im begrünten Innenhof standen Tische und Stühle. Ein wenig erinnerte mich das Ambiente an die Old Biscuit Mill. Allerdings war das Publikum hier wesentlich bunter. Liezel, eine weiße Enddreißigerin mit Dreadlocks, war nicht allein gekommen. Neben ihr saß eine zarte Blondine. „Das ist Antjie", sagte Liezel. „Meine Frau."

Antjie und Liezel, das erfuhr ich erst jetzt, waren eines der ersten lesbischen Paare, die nach dem 2006 verabschiedeten Civil Union Act 17 gesetzlich geheiratet hatten. Für die südafrikanische Gay-Community war der Act ein Riesenerfolg gewesen. Denn auch wenn die Verfassung die Diskriminierung wegen sexueller Orientierung verbot – wer schwul, oder noch schlimmer: lesbisch war, hatte im Macholand Südafrika vor allem in den Townships wenig zu lachen. Immer wieder hörte man von sogenannten corrective rapes: Frauen, die zu ihrem Lesbischsein standen, wurden brutal vergewaltigt. Die Täter rechtfertigten sich später damit, sie hätten ihre Opfer „bekehren" wollen.

Mit solchen Übergriffen hatten Liezel und Antjie zum Glück keine Erfahrungen gemacht: Sie lebten in Melville, einem liberalen Studentenviertel in der Nähe der Witwatersrand Universität. Was ihr Leben kompliziert gestaltete, war eher ihre Vergangenheit. Beide stammten aus ultrakonservativen Burenfamilien. Vor allem Liezels Eltern waren als Anhänger der Boer Gereformeerde Kerk, einer fundamentalistischen Abspaltung der ohnehin strengen Dutch Reformed Church, durchdrungen vom Glauben an die göttliche Auserwähltheit ihres Volks. Englische Radiosendungen hatten sie ihrer Tochter in der Jugend ebenso verboten wie Popmusik und Tanzen. Schwarze waren in ihren Augen minderwertige Kreaturen, deren Vermischung mit dem burischen Herrenvolk unbedingt vermieden werden musste. Als Beamter war Liezels Vater für den Aufbau der Homelands zuständig gewesen, je nach Auftrag zog die Familie mit ihm durch ganz Südafrika. Von den Gräueln des Apartheid-Staates erfuhr Liezel aber erst, als sie in den 1990ern in Johannesburg studierte. Es kam zum großen Krach, mit dem Vater herrschte bis heute Funkstille. Er hatte die Rebellion seiner Tochter nie verstanden, geschweige denn den Wandel seines Landes. Gemeinsam mit Antjie, die eine ähnliche Kindheit hatte, versuchte Liezel nun, sich die Realität zu erschließen, die ihr als Kind vorenthalten worden war: Als Fotografinnen dokumentierten sie das Township-Leben, für die Kinder dort organisierten sie Kunstprojekte. „Ich versuche, etwas von dem gutzumachen, was meine Eltern angerichtet haben", sagte sie. „Natürlich ist das ein Tropfen auf den heißen Stein. Aber wenn jeder Weiße etwas Zeit und Geld für die opfern würde, die zu seinen Gunsten so lange unterdrückt wurden, wäre schon eine Menge getan."

„Findest du nicht, dein Vater hätte auch selbst für seine Vergangenheit geradestehen müssen?", wollte ich wissen. Diese Frage beschäftigte mich schon lange: Gab es unter jungen Südafrikanern eigentlich so was wie die deutsche 68er-Bewegung? Liezel sah mich nachdenklich an. „Ich weiß nicht so recht. Ich glaube, für seine Taten büßt er schon so. 1994 ist seine Welt zusammengebrochen. Das hat er bis heute nicht überwunden. Er ist ein verbitterter alter Mann."

„Und wie ist es mit den anderen Tätern und Helfern?", bohrte ich nach. „Ich habe mich ja immer gefragt, warum es in Südafrika nach 1994 kein Tribunal gab. Findest du denn, dass die Wahrheits- und Versöhnungskommission, die Mandela damals einsetzte, genug war? Den meisten Tätern wurde die Strafe doch erlassen, wenn sie Reue zeigten ..."

„Stimmt. Und die Opfer bekamen nur eine minimale Entschädigung." Liezel seufzte. „Schwierige Frage. Ich fand das auch nicht perfekt. Aber ich denke, es war das einzig Machbare. Ohne Amnestiezugeständnis hätte die weiße Regierung doch nie demokratischen Wahlen zugestimmt. Und weil Opfer und Täter vor der Kommission offen über alles sprechen mussten, kann jetzt zumindest keiner sagen, er hätte von nichts gewusst. Mich als Weiße hat der Versöhnungsgedanke natürlich wahnsinnig beeindruckt. Wir hatten doch alle die große Abrechnung erwartet. Ich weiß noch, wie ich zu Mandelas Vereidigung fuhr und das Gefühl hatte: Jetzt fängt ein neues Leben an!"

Liezel war nun ganz aufgeregt. Ihre Backen glühten, die Dreadlocks flogen und ich konnte mir gut vorstellen, wie sie am 10. Mai 1994 mit hunderttausend anderen vor den Union Buildings in Pretoria gestanden und Mandela zugejubelt hatte, als der sein legendäres Versprechen gab: „Niemals wieder soll dieses schöne Land die Unterdrückung des einen durch den anderen erfahren und die Erniedrigung erleiden, die Schande der Welt zu sein."

„Spürst du diese Begeisterung eigentlich noch?", fragte ich. „Ich habe ja manchmal das Gefühl, dass Südafrika gerade etwas planlos ist ..." Liezel grinste. „Was hast du denn erwartet? Wir haben so viele Baustellen: Arbeitslosigkeit, Bildung, das ewige Problem der Landverteilung. Wo soll man da anfangen?" – „Gibt es denn überhaupt noch ein großes Ziel, ein Ideal, auf das sich alle einigen können?" – „O my gosh ...", seufzte Liezel und lachte. „Du stellst Fragen ..."

„Aber das ist doch ganz einfach!", mischte sich plötzlich Antjie ein. Liezel und ich schauten überrascht auf. Antjie hatte bis jetzt nur still an ihrem Kaffee genippt. Jetzt beugte sie sich aufgeregt vor und musterte uns wie ein Quizmaster die Kandidaten. „Worauf sind wir bei allen Diskussionen immer so stolz, egal, wie sehr wir uns fetzen? Na?" – „Auf unsere Freiheit?", riet Liezel. „Klar", sagte Antjie. „Auf die auch. Aber was garantiert uns die Freiheit?" – „Jetzt sag' schon!" Antjie schlug mit der Hand auf den Tisch. „Unsere Verfassung garantiert uns das! Die ist eine der liberalsten der Welt. So viele Nationen beneiden uns darum. Ohne sie könnten wir auch gar nicht streiten. Weil wir dann gar nicht das Recht hätten, unsere Meinung zu sagen. Deshalb: Wenn wir uns auf irgendwas einigen können, dann auf die Verfassung. Hab' ich nicht Recht?" Sie hob ihre Tasse: „Auf die Verfassung!" – „Auf die Verfassung!" – „Und", grinste Liezel, „aufs Streiten!"

Südafrikanisch für Anfänger

Lektion 8: Lachen Sie sich schlapp!

„Sie kommen zum Parkplatz und Ihr Auto ist weg. Was tun? Südafrika verfluchen? Nicht doch! Seien Sie proudly South African und knacken Sie das Auto daneben." Vom südafrikanischen Komiker Mel Miller stammt dieser Tipp. Und er demonstriert schön das zweite südafrikanische Rezept, auf Missstände aller Art zu reagieren: mit Humor. Nicht nur beim Feierabendbier wird nach Kräften gekalauert. Stand-up-Comedy boomt gerade wie verrückt am Kap. Und wenn Sie die Psyche Ihrer neuen Mitbürger studieren wollen, dann schauen Sie sich die Blödelshows unbedingt an. Nicht nur wegen der in allen Hautfarben schillernden Komiker-Szene gehören sie zu den buntesten Momenten des Landes. Mainstream-Stars wie Trevor Noah wagen dort vor einem gemischtrassigen Publikum, was vor zehn Jahren höchstens Evita vor ausschließlich weißen Zuschauern erprobte: Rassismen, Sozialgefälle, kurz: alle nach wie vor wuchernden Apartheids-Geschwüre werden auf dem OP-Tisch der Bühnen freigelegt und weggelacht. Etwa wenn Noah, Sohn einer Xhosa und eines Schweizers, das Brachial-Englisch des Präsidenten veralbert. Oder wenn der weiße Comedian John Vlismas ins Publikum ruft: „Wo sind die Buren? Ich kann euch nicht sehen! Es muss scheiße sein, auszusterben!" Nicht immer geht das Witzeln glimpflich aus. Der Karikaturist Jonathan Shapiro wurde von Präsident Zuma wegen Rufschädigung schon auf neun Millionen Rand verklagt. Der Prozess blieb aber bisher aus. Vielleicht weil sogar Zuma ahnt: Wer von den Südafrikanern geliebt werden will, muss über sich selbst lachen können.

Juni

So richtig überzeugt hatte Antjie mich nicht. Sicher, für den südafrikanischen Vielvölker-Eintopf war die Verfassung von 1996 zweifellos das beste Rezept. Dank eines ausgefeilten Minderheitenschutzes kam darin auch das kleinste Erbschen zu Recht und Geltung – ohne die anderen Zutaten allzu sehr zu überdecken. Aber ob sich der Durchschnittssüdafrikaner bewusst war, von welch exquisitem Gericht er da täglich kosten durfte?

Zurück in Kapstadt machte ich die Probe. Ich fragte Ruths Haushälterin Venetia. „Venetia, was hältst du von der südafrikanischen Verfassung?" – „Hä?", Venetia setzte den Plastiksack ab, den sie gerade zur Mülltonne schleifte, und sah mich misstrauisch an. „Verfassung? Ich geb' dir gleich Verfassung! Komm mir bloß nicht mit Politik. Das sind alles Verbrecher. Meine Verfassung ist die Bibel. Das reicht. Erzähl' mir lieber, ob die Kleine aus Nyanga schon aufgekreuzt ist!" Ich musste kurz überlegen. Unsere ehemalige Putzfrau Sylvia hatte den Einarbeitungstermin mit ihrer Nichte schon so oft verschoben, dass ich den Überblick verloren hatte. „Ich glaube, sie wollte heute um zehn kommen." – „Na, hoffen wir's! Und jetzt hilf mir mal. Der Müll bringt sich nicht von alleine weg!"

Vielleicht war es tatsächlich an der Zeit, mich zur Abwechslung wieder der konkreten Alltagsbewältigung zu widmen: Mein Jobproblem war noch immer nicht gelöst. Der Toyota blieb verschwunden. Und die Suche nach einer neuen Putzfrau driftete langsam ins Epische. Zwei Mal hatten Max und ich bereits Termine verschoben, um unsere potenzielle neue Perle persönlich in Augenschein zu nehmen. Jedes Mal hatte Sylvia kurzfristig abgesagt.

Doch, o Wunder, diesmal klopfte es tatsächlich um zehn an der Tür. Davor stand eine junge Schwarze in Jeans und Lederjacke, auf dem Kopf trug sie ein asymmetrisches Haarteil mit roten Strähnen. „Hi, ich bin Ubie", sagte sie und strahlte mich an. „Meine Tante konnte nicht. Ich dachte, ich komm' trotzdem mal ..."

Ubie, stellte sich bald heraus, war das komplette Gegenteil von Sylvia: Sie war offen, energisch und platzte vor Optimismus. Dabei hatte auch sie es nicht gerade einfach. Ihr ältester Bruder war kürzlich an Aids gestorben, sie selbst hatte vor Kummer ihre Bachelor-Prüfung in BWL vermasselt, die sie trotz Ausbildung an einer miserabel ausgestatteten staatlichen Schule in Rekordzeit erreicht hatte. Jetzt musste sie sich ein neues Stipendium organisieren und das Examen wiederholen. Also wohnte sie mit ihrer Mutter, deren zweitem Mann und ihren zwei jüngeren Brüdern in einem Zwei-Zimmer-Bungalow in Nyanga, schrieb jeden Tag Bewerbungen und versuchte nebenbei, durch alle möglichen Jobs Geld zu verdienen: Unter der Woche putzte sie für drei verschiedene Familien in Sea Point, am Wochenende verkaufte sie in Nyanga Sandwiches. Hatte sie doch mal einen Tag frei, dann half sie im Büro der Treatment Action Campaign (TAC), einer der schlagkräftigsten Anti-Aids-NGOs des Landes. 2001 hatte TAC die Zulassung von günstigen Nachahmer-Aidsmedikamenten in Südafrika erkämpft. Gegen den Protest internationaler Pharmafirmen und der eigenen Regierung: Der damalige Präsident Thabo Mbeki hatte den Zusammenhang zwischen HIV und Aids stets eisern bestritten. Auch sonst setzte man sich für einen offenen Umgang mit dem Thema ein. Und Ubie war mit Verve dabei. Denn, so erklärte sie mir: „Wenn sich mein Bruder früher hätte testen lassen, wäre er jetzt vielleicht nicht tot."

Ubie – den Namen hatte übrigens ihr Vater ausgesucht, ein begeisterter UB40-Fan – war 1989 geboren, wenige Monate bevor Mandela nach 27 Jahren Haft freikam. Im Unterschied zu ihren Eltern oder ihrer Tante hatte sie auf der Straße nie einen Pass bei sich tragen müssen, nie war ihr verboten worden zu wählen, nie war sie von einem Strand vertrieben worden, weil dort nur Weiße baden durften. Ubie war eine born free. So nannte man die erste Generation, die im neuen Südafrika aufgewachsen war. Und obwohl das Erbe der Apartheid auch ihr Leben prägte, schien sie die Dinge mit viel größerem Selbstbewusstsein anzugehen als ihre zwanzig Jahre ältere Tante. „Das Beste an Südafrika ist die Freiheit", sagte sie mir einmal. „Die muss man nutzen!"

Mit dieser „Machen-statt-Jammern"-Einstellung wurde Ubie für mich bald das jugendliche Pendant zu Nadine Gordimers Altersoptimismus: Ballten sich am Horizont die Zukunftsängste, unterhielt ich mich mit Ubie, und sofort verwandelte sich die Welt in einen Jahrmarkt der Möglichkeiten.

Denn Ubie hatte tatsächlich noch Großes vor in ihrem Leben. Ihr Traum war es, irgendwann mal so viel Geld zu verdienen, dass sie damit ein Magazin finanzieren könnte, das ausschließlich über das Leben von Menschen wie ihren Eltern berichtete. „Was bei uns im Township passiert, ist spannender als Hollywood!" Bevor es so weit war, studierte sie gewissenhaft die Time-Magazine, die wir ihr jede Woche vermachten, und las auch sonst jeden beschriebenen Fetzen, den sie finden konnte.

Etwas weniger intellektuell war ihre zweite Schwäche: Haushaltsgeräte. Lange vor unserer Zeit hatte Ruth die Küche der Wohnung nämlich zum Hightech-Spielplatz aufgerüstet. Sylvia hatte um die funkelnden Maschinen stets einen großen Bogen gemacht. Doch Ubie nutzte sie. Alle. Immer. Kaum war sie zwischen Trockner, Waschmaschine, Mixer und Tischstaubsauger zugange, dröhnte es aus der Küche wie aus dem Maschinenraum eines Ozeandampfers – und irgendwann flog garantiert eine Sicherung raus.

Seit Monatsbeginn mussten wir nämlich heizen. Und zwar

mit zwei unglaublich stromfressenden mobilen Heizkörpern. Hätte mir ein Jahr zuvor jemand erzählt, dass ich einen Großteil meines südafrikanischen Winters mit Schal und Mantel neben glühenden Heizstäben zubringen und trotzdem erbärmlich frieren würde, hätte ich ihn ausgelacht. Doch der Winter am Kap war nicht ohne. Und die Isolierung der Wohnung mies. Abends stopften wir nun immer Handtücher vor die Ritzen zwischen Scheibe und Fensterbrett. Morgens hatte der Regen sie meist völlig durchweicht.

Wir schienen nicht die Einzigen zu sein, die froren: In den Supermärkten stapelten sich schon seit Mai Heizgeräte statt Ventilatoren, in Anzeigen kuschelten sich Models an sündhaft teure wall heaters. Aus ökologischen Gründen widerstanden wir der Versuchung zwei Wochen. Dann kauften auch wir uns einen Hochleistungsheizer. Der wärmte nun zumindest unser Schlafzimmer vorm Zubettgehen auf mollige zwanzig Grad.

Abgesehen von meinen klammen Zehen gefiel mir der Kap-Winter aber eigentlich fast besser als der Sommer. Ich liebte die kalte Seeluft an der Küste und den Holzfeuergeruch der Townships. Wenn die Wolkendecke aufriss, konnte man an manchen Tagen sogar im T-Shirt herumlaufen. Stürmte es dagegen, wurde meine tägliche Joggingstrecke auf der Promenade zum Abenteuerparcours. Hagelschauer prasselten vom eben noch blauen Himmel, Böen drückten einen gegen die Brüstung, darunter brüllte das Meer wie ein wütendes Tier. Immer wieder klatschten die Wellen meterhoch über das Geländer und hinterließen Muscheln, Algen und wuselnde Krebstierchen. Kurz vor dem Leuchtturm von Mouille Point erwischte mich ein solcher Brecher mal mit voller Wucht. Die Kälte des Wassers raubte mir sekundenlang den Atem, die Kraft der Brandung ließ mich taumeln. Doch als das Meer sich mit sanftem Schnurren wieder hinter die Brüstung verzogen hatte und ich mir mit zitterigen Fingern die Algen vom T-Shirt klaubte, fühlte ich mich so wach und glücklich wie noch nie.

Die Abende verbrachten wir jetzt gern zuhause. Flankiert von unserem Heizgerätepark arbeiteten wir uns durch das Sortiment von „DVD Nouveau", einer für südafrikanische Verhältnisse exzellent bestückten Kapstädter Videothek. Neben internationalen Art-House-Filmen gab es dort auch richtig gute südafrikanische Produktionen. Den Science-Fiction-Thriller „District 9" etwa oder das oscarprämierte Gangsterdrama „Tsotsi". Sie waren eine feine Alternative zur Blockbuster-Soße der meisten Kinos. Und leider auch zum Fernsehen, ein Ärgernis, über das selbst Südafrikaner immer wieder schimpfen. Da wir beim digitalen TV-Anbieter DStv zudem noch die Spar-Option gewählt hatten, konnte man das Programm im Grunde vergessen.

An manchen Abenden lag ich ohnehin am liebsten auf dem Sofa am Fenster, lauschte dem Donnern der Wellen – und las. In der „Book Lounge" hatte ich mir ein Buch über die Religionen Südafrikas besorgt. Venetias schroffe Antwort auf meine Verfassungsfrage hatte mich nämlich auf eine Idee gebracht: Waren die Südafrikaner vom Versagen weltlicher Mächte womöglich schon so genervt, dass sie sich bei heiklen Fragen, wie der nach Identität und Werten, lieber göttlichen Instanzen zuwandten? Neunzig Prozent waren Mitglied einer Religionsgemeinschaft. Das hieß: fast das ganze Land. Unangefochtener Platzhirsch war das Christentum. Um die korrekte Interpretation der Botschaft Christi wetteiferten rund dreihundert Glaubensgemeinschaften – von den Zionistischen Christen, die auch traditionelle afrikanische Kulte zuließen, über Katholiken und Protestanten bis zur kalvinistisch geprägten Dutch Reformed Church. Daneben gab es mehrere Hunderttausend Muslime, Hindus, Juden. Und natürlich den Glauben an Geister und Ahnen, der vor allem auf dem Land das Leben stark prägte.

Kurzum: Die Verehrung höherer Mächte war am Kap allgegenwärtig. Begab man sich sonntags aufs Land oder in die

Townships, konnte man es aus Dutzenden Kirchen und Gemeindehallen singen, klatschen und trommeln hören. Am Strand von Macassar traf man auf weiß verhüllte Jünglinge, die sich im Meer taufen ließen, auf der Long Street bahnten sich buddhistische Mönche den Weg durch die Partygänger. Sogar die sonst so profane Cape Times druckte täglich eine Spalte mit Sprüchen aus Bibel, Koran, Thora und Veden. Und natürlich hielt sie das interessierte Publikum über die neuesten Sangoma-Skandale auf dem Laufenden.

Besonders erschütterte mich das tragische Ende einer Sitzung in Nyanga. Zwei Brüder hatten sich dort von einer Sangoma, einer traditionellen Heilerin, einen magischen Trank mischen lassen und dann mit Hilfe des „Zauberspiegels" der Schamanin nach dem Mörder ihrer Mutter gesucht. Im Spiegel glaubten sie ihre Nachbarin zu erkennen. Also schlossen sie die arme Frau samt Baby in ihrer Hütte ein und verbrannten sie bei lebendigem Leib. Die Sache kam vor Gericht, die Brüder ins Gefängnis. Der Sangoma aber geschah nichts. Denn wie sagte die Spiegelbesitzerin so schön: „Die Vorfahren sprachen, nicht ich."

„Typisch Nyanga", grummelte Venetia, als ich ihr von dem Vorfall erzählte. „Lauter Gottlose. Gut, dass sich Ubie jetzt für ein Stipendium in Stellenbosch bewirbt. Das Mädchen muss da raus!" Ich glaubte erst, mich verhört zu haben. Doch als ich bei Ubie vorsichtig nachfragte, erfuhr ich das Erstaunliche: Zwischen Venetia und Ubie hatte sich tatsächlich eine zarte Freundschaft entwickelt. Nachdem Ubie sich wiederholt nach den Rezepten der Currys erkundigt hatte, die Venetia täglich in ihrer Küche zubereitete, hatte Venetia begonnen, mütterliche Gefühle zu entwickeln. Ubie durfte nun immer mal runterkommen und „kosten". Nebenbei versorgte Venetia sie mit allerhand Ratschlägen, wie sie ihr Leben zu gestalten habe, um sich nicht bis ans Lebensende um den Haushalt anderer Leute kümmern zu müssen. „Als Erstes musst du deinen Abschluss machen", hatte sie ihr laut Ubie eingebläut. „Mich haben meine Eltern nur zur Grundschule geschickt. Jetzt siehst du, wo ich gelandet bin."

So eng war die Beziehung der beiden schon geworden, dass Venetia Ubie sogar zu den Gottesdiensten ihrer neuapostolischen Gemeinde mitnahm. So war es auch für einen Abend Ende Juni geplant. In Observatory sollte ein Gottesdienst anlässlich des Besuchs eines „Apostels" aus Pretoria stattfinden. Venetia freute sich schon seit Wochen. Doch Ubie wurde krank. „Magst du Venetia nicht begleiten?", fragte sie mich, als sie anrief, um ihren Putzjob abzusagen. „Klar", sagte ich erfreut und dachte an meine Religionsrecherche. „Wenn Venetia einverstanden ist, würde ich das sogar sehr gern!"

Venetia war nicht nur einverstanden, sondern begeistert. Der zweite neue Gast, den sie ihrer Gemeinde innerhalb weniger Wochen vorstellen konnte! „Ag, du wirst sie mögen! Es sind so feine Leute darunter. Und wenn du willst, können wir danach noch ausgehen! Ich freu' mich so! Wie kommen wir am besten nach Observatory?"

Das war eine berechtigte Frage. Von unserem Auto hatten wir nämlich noch immer nichts gehört. Zwar erreichten uns neuerdings mysteriöse Strafzettel, auf denen man den Toyota mit 140 km/h und dunklem Schatten hinterm Lenker durch die Cape Flats brettern sah. Doch die Polizei hatte nach wie vor keine Spur. Wir hatten das Auto deshalb jetzt, zwei Monate nach dem Diebstahl, offiziell abgeschrieben. Zum Glück würde die Versicherung uns fast den vollen Kaufpreis erstatten. Das Geld wollten wir nutzen, um uns für die kommenden Monate einen Mini zu mieten, ähnlich dem, der mich nach Franschhoek begleitet hatte. Venetias und meine „Girls' Night out" war der Anlass, das Vorhaben endlich in die Tat umzusetzen.

Der Wagen war tatsächlich winzig. Doch an diesem Abend war das unbedingt von Vorteil. In den Straßen rund um die

Kirche stapelten sich nämlich die Autos. Aus allen Richtungen strömten die Menschen aufs Gotteshaus zu, ich kam mir vor wie am Weihnachtsabend vorm Hamburger Michel. Neben mir rutschte Venetia aufgeregt hin und her. Bereits eine halbe Stunde vor Abfahrt hatte sie geschminkt und mit geglättetem Haar in unserem Wohnzimmer gesessen und den Raum in eine Wolke schweren Parfüms getaucht. Schon an früheren Feiertagen war mir aufgefallen, wie hübsch sie war, wenn sie sich nicht wie sonst in ihren rosa Dienstmädchenkittel hüllte. An diesem Abend trug sie eine weiße Bluse und einen langen Rock aus schwarzem Samt. Die Füße steckten in Pumps. „Venetia, das sieht toll aus! Das müsstest du öfter anziehen!", rief ich. Und die sonst so coole Venetia wurde unter ihrem Make-up doch glatt ein wenig rot.

Als wir die Kirche betraten, hatte ich das Gefühl, dass sie fast jeden kannte. Immer wieder umarmte sie andere herausgeputzte Frauen und Männer, die meisten waren Coloureds. Nach der Begrüßung deutete sie stets stolz auf mich: „This is Kristina, my guest from Germany." Dann begann der Gottesdienst. Für eine ungeübte Schmalspurprotestantin wie mich dauerte er nahezu endlos. Immer neue Redner traten vor die Gemeinde, immer wieder donnerte die Menge ihr „Amen". Dazwischen wurde gesungen und gebetet, mal auf Englisch, mal auf Afrikaans. Auch wenn das Prozedere den Gottesdiensten zuhause ähnelte, war die Stimmung doch viel feierlicher. Ich ließ meine Blicke über die Betenden wandern und überlegte, wie viele von ihnen außerhalb der Kirchenmauern wohl ein Leben wie Venetia führten. Eines, das sich nur ums Wohl eines schlecht zahlenden Arbeitgebers drehte. Mit einem feuchten Souterrain-Zimmer als einzigem privaten Rückzugsraum. Ohne eigene Familie, Geld für Reisen, Zeit für Hobbys. Ich ahnte plötzlich, warum Venetia sich auf ihre zwei Gottesdienste pro Woche freute wie andere auf einen Kurzurlaub. Doch es gab noch einen anderen Grund.

„Die Kirche ist meine Familie", sagte Venetia, als wir uns später in einem Café mit Pancakes stärkten. „Wenn ich Probleme habe, kann ich mit jedem dort sprechen. Wir sind wie Brüder und Schwestern." Sie sah mich prüfend an. „Hat dir der Gottesdienst denn gefallen?" „O ja!", beeilte ich mich zu rufen. „Und alle waren so nett. Vielen Dank, dass ich mitdurfte!" Ich zögerte ein bisschen, bevor ich fragte: „Hattest du denn nie daran gedacht, selbst eine Familie zu gründen?"

Venetia schob sich umständlich ein Stück Pancake in den Mund. Sie kaute lange. Als sie fertig war, war der weiche Zug, der sie den Abend über so ungewohnt jung hatte aussehen lassen, aus ihrem Gesicht verschwunden. Mit ihrem vertraut sarkastischen Grinsen sah sie mich an. „Dazu braucht man ja erst mal einen Mann, oder? Es gab da mal einen, als ich jung war und noch bei meinen Eltern in George lebte. Das ist vierzig Jahre her. Aber was soll ich sagen? Zum Heiraten hat's nicht gereicht. Erst wollte ich nicht, dann er. Und heute brauch' ich keinen mehr. Männer braucht man, wenn man jung ist. Nicht wahr?" Sie beugte sich vor und kniff prüfend ihr rechtes Auge zu. „Und was ist mit dir? Willst du mal heiraten? Oder kannst du dich auch nicht entscheiden?" Ich räusperte mich. „Ähem, also, nun ja ... Heiraten finde ich so endgültig. Verstehst du? Max und ich lieben uns natürlich, und wir werden hoffentlich auch zusammenbleiben. Aber heiraten? Ich weiß nicht ..." – „Man muss die Früchte pflücken, wenn sie reif sind", orakelte Venetia, und ich war mir nicht sicher, ob das jetzt ein Spruch aus dem neuapostolischen Gesangbuch war oder einfach die Essenz ihrer Lebensweisheit. Sie legte ihre kleine Stoffbörse auf den Tisch. „Und jetzt lass uns gehen. Ich muss morgen um fünf raus. Die Rechnung geht auf mich. Hat Spaß gemacht mit dir. Das machen wir noch mal, was?"

Ich war nie ein sehr frommer Mensch gewesen. Abgesehen von einer spirituellen Eruption als Teenager hatte ich über Religion meist eine ähnliche Meinung gepflegt wie Nadine

Gordimer: „Märchen, die uns beruhigen sollen", hatte sie gelächelt, als ich sie nach ihrem Glauben gefragt hatte. „Ich hab' mir das alles angeschaut. Jetzt bin ich Atheistin." Als solche wollte ich mich zwar nicht bezeichnen. An eine übergeordnete Macht glaubte ich schon. Doch vielleicht lag es daran, dass mich bisher nie existenzielle Sorgen gequält hatten: Auf Gott statt auf den Menschen zu vertrauen wäre mir nie in den Sinn gekommen. Nach dem Abend mit Venetia sah ich das anders. Ich ahnte plötzlich, welch Segen es sein konnte, in dunklen Zeiten bei einer göttlichen Macht, gleich welcher Art, Kraft und Hoffnung zu schöpfen.

„Ach, Gott ist so großartig! Wenn ich in der Kirche war, fühle ich mich immer wie neugeboren", sagte Ubie, als ich ihr von dem Abend erzählte. „Bei uns in Nyanga sind die Gottesdienste immer wie eine große Party. Jeder hat sich fein gemacht, alle singen und tanzen ..." – „Meinst du, ich kann dich mal zu so was begleiten?" – „Na klar. Obwohl, warte ..." Sie überlegte kurz. „Diese Woche ist ein bisschen schlecht, da bin ich bei meinem leiblichen Vater in Delft. Aber wenn du was wirklich Besonderes sehen willst, hab' ich sowieso eine bessere Idee. Hast du was zu schreiben?" Ich holte Stift und Papier. „Hier. Das ist die Nummer einer TAC-Kollegin. Sie arbeitet in einem Waisenhaus in Kayelitsha, in dem auch viele Aidswaisen leben. Sie hat mir mal erzählt, dass sie dort für die Kinder jeden Sonntag einen Gottesdienst veranstalten. Der muss einmalig sein. Vielleicht hast du ja darauf Lust? Du könntest Max mitnehmen. Die Kinder freuen sich über Besuch."

Max war für eine Geschichte unterwegs. Doch Cloé und François hatten sofort Lust. „Ich kenne das Waisenhaus!", rief François aufgeregt ins Telefon. „Wir haben auch schon mit denen gearbeitet. Die Leiterin heißt Rosie. Sie ist toll! Erst hat sie die Kinder bei sich zuhause betreut, dann nach und nach eine Krippe und ein Waisenhaus gegründet. Rosie ist in Kayelitsha eine Institution! Wir kommen sehr gern mit!"

Vor dem Ausflug hatte ich allerdings noch etwas anderes Wichtiges zu erledigen. Bei meiner Religionsrecherche war ich nämlich auf einen „Gottesdienst" der besonderen Art gestoßen: Anscheinend versammelten sich jedes Frühjahr an einem Fels-überhang in den Drakensbergen mehrere hundert Nachfahren der San, der Ureinwohner Südafrikas. Auf den Fels hatten ihre Vorfahren vor Jahrtausenden ungewöhnlich gut erhaltene Zeichnungen gepinselt. Sie verrieten nicht nur viel über den damaligen Alltag, sondern auch über das komplexe Glaubens-system der San. Und um die Geister dieser Ahnen zu ehren, beteten und sangen die Menschen dort einmal im Jahr und besprenkelten den Stein mit dem Blut einer Eland-Antilope. Noch nie war ein Weißer dabei gewesen. Ich hatte mir in den Kopf gesetzt, die Erste zu sein.

Ein Kontakt zum Organisator ließ sich leicht herstellen. Die Nummer von James, einem von den San abstammenden Schamanen, prangte auf den Websites diverser Touranbieter. James bot Führungen an. Man konnte sich von ihm seine Familiengeschichte erzählen und die Malereien zeigen lassen. Sicher spannend. Doch ich wollte nicht als Touristin kommen. Ich wollte die Zeremonie erleben. Mit James' Familie.

Als ich die Nummer wählte, ging er sofort ans Telefon. „Du willst über die Zeremonie berichten?", schrie er in den Hörer. „Sehr gut! Die Leute müssen davon erfahren! Ich sage immer: Wenn wir unsere Tradition erhalten wollen, müssen wir sie der Welt zeigen!" – „Wann wird sie denn stattfinden?" – „Im September! Um das neue Jahr zu begrüßen! Ich rufe dich recht-zeitig vorher an!"

Das lief ja wie geschmiert! Etwas wirr klang James zwar, aber erstaunlich offen. Würde ich tatsächlich als erste Weiße mit den Sam den Frühling begrüßen dürfen? Bis September konnte noch allerhand passieren. Besser ich freute mich nicht zu früh ...

Am Sonntag machten François, Cloé und ich uns auf nach

Kayelitsha. Der Morgen des Gottesdienstes war kalt und sonnig. An Werktagen herrschte auf den Hauptstraßen des größten Kapstädter Townships immer ein großes Gewusel: Fensterputzer hüpften zwischen den Autos umher. Links glotzte einem eine Kuh ins Fenster. Rechts rumpelte ein Männlein mit einem Einkaufswagen voller Schrubber gegen die Tür: „Wanna nice broom?" Über all dem waberte der mal verführerische, mal beißende Geruch der Spare Ribs vom Braai-Stand am Straßenrand.

Als wir an diesem Morgen gegen neun über die Lansdowne Road fuhren, herrschte jedoch sprichwörtliche Sonntagsruhe. Vereinzelt wankte ein armer Sünder mit dem Bier von letzter Nacht in der Hand über den Gehweg. Ansonsten wirkten die Wellblechverschläge rechts und links der Straße wie ausgestorben. Die bunten Barbershop-Container waren mit Schlössern verrammelt. Die Grillstände kalt. Doch kaum hatten wir die Hauptstraße verlassen und waren in eines der besseren Wohnviertel mit Bungalows, Gartenmauern und Garagen eingebogen, sahen wir sie: Männer in weißen, grauen oder kanariengelben Anzügen. Frauen, die wild gemusterte Kleider trugen mit dazu passendem Kopfschmuck. Mädchen, die in ihren Tüllröckchen aussahen wie Konfekt. Die Kirchgänger. Mittags würden sie das Township zum Leben erwecken. Doch jetzt schlenderten sie erst mal zu ihren Gotteshäusern. Die unterschieden sich von den anderen Häusern oft nur durch ein Kreuz über der Tür. Dafür gab es auch besonders viele.

Wir hielten vor dem Kinderheim. Ubies Bekannte erwartete uns schon und führte uns in den Gemeinschaftsraum. Dort waren Stuhlreihen aufgebaut, vorne stand, wie ein wertvolles Familien-Erbstück etwas in den Raum gerückt, ein staubbedeckter Fernseher. „Es wird noch etwas dauern", sagte die Frau. „Sheila, unsere Predigerin, steckt im Stau. Ich lass' aber schon mal die Kinder rein. Dann können sie euch begrüßen."

Wenig später waren wir begraben unter einem kichernden

Berg aus Armen, Beinen und rotzverschmierten Gesichtern. Andächtig zwirbelten die Kinder unsere glatten Haare. Hartnäckig fragten sie immer wieder, wie wir hießen und woher wir kämen, und wichen uns selbst dann nicht vom Schoß, als Sheila endlich in den Raum stürmte.

Die Predigerin war eine Ehrfurcht einflößende Erscheinung. Über ihrem geblümten Rock spannte sich eine lilafarbene Jacke mit Goldrand, die gut zwei Drittel ihrer Person, einschließlich des gewaltigen Bauches, wie ein Königinnenmantel bedeckte. Sie hängte ihre Handtasche über den Fernseher und legte los.

„Halleluja, meine Kinder!", donnerte sie mit einer Stimme, die Shirley Bassey vor Neid hätte erblassen lassen. „Ich muss euch was sagen! Jesus liebt euch! Wisst ihr das?" – „Yeees!", schrien die Kinder. Sheila rannte auf sie zu, die Linke hämmerte auf ihren Busen: „Ich kann euch nicht hören, Kinder! Ich kann euch nicht hören! Was tut Jesus?" Die Kinder schrien lauter: „He loves me!" – „O yes!", trompetete Sheila. „Und wenn ihr einsam seid und Angst euer Herz frisst, dann geht zu einem, der betet, und Gott wird euch helfen! Ist es nicht so?" – „Yes, o yes!" – „Ihr habt es so gut! Denkt nur an die armen Kinder, die aus Simbabwe kommen! Die haben nichts zu essen! Und ihr? Habt ihr zu essen?" – „Yes, o, yes!" – „Und denkt an die Kinder, die jetzt bei ihren Familien sitzen und Angst haben, weil der Vater trinkt! Und ihr habt im Heim so tolle Mamas, die für euch sorgen! Ist es nicht so?" – „Yes, o yes!" Sheila klatschte in die Hände. „Dann lasst uns den Herrn preisen!"

Sie stimmte ein Gospel an. Nach und nach fielen die Kinder in den Gesang ein. Von den Knirpsen auf unseren Schößen bis zur Teeniegruppe in der letzten Reihe, die die Show bisher nur mit altersgemäßer Coolness verfolgt hatte. Die Stimmen ließen den Boden vibrieren. Zwei Mädchen hatten meine Hände gepackt und schwenkten sie hin und her. „Jesus! O Jesus!"

Da hörte man plötzlich einen Schrei. Ein Mädchen aus der Teeniegruppe hatte sich auf den Boden geworfen. Ihre Hände kratzen über den Boden, sie weinte, kreischte, wand sich. Sheila hörte sofort auf zu singen und rannte zu ihr hin. Sie zog sie an ihren Busen, streichelte ihren Rücken, redete auf sie ein, bis sich das Mädchen langsam beruhigte.

Hand in Hand gingen die beiden wieder nach vorne. Die Kinder fuhren fort zu singen, als sei nichts geschehen. Auch das Mädchen sang mit, mit geschlossenen Augen und ausgebreiteten Armen. Es sah aus, als wolle es sich vom Klang der Stimmen forttragen lassen.

Dann war der Gottesdienst plötzlich vorbei. Sheila segnete die Kinder und entließ sie in den Sonntag.

„Was war mit dem Mädchen los?", fragten wir, als wir später bei einem Kaffee zusammensaßen. Sheila seufzte. „Ihre Mutter ist vor Kurzem gestorben. Angeblich an Tuberkulose. Ihr wisst, was das heißt?" Wir nickten. Wahrscheinlich hatte die Mutter Aids gehabt. Doch darüber wurde nicht gesprochen. Sheila bekreuzigte sich. „Gott sei ihr gnädig."

Als wir zurück nach Kapstadt fuhren, war es im Auto lange still. „Puh", meinte François schließlich. „Das war ganz schön intensiv." „Ich fand's aber toll", sagt Cloé. „Gut, an das Brüllen muss man sich gewöhnen. Aber habt ihr gemerkt, wie Sheila die Kinder aufgebaut hat? Und wie sie sogar versuchte, sie für die Flüchtlinge zu sensibilisieren? Das war großartig!"

François und ich nickten. Dass gerade die Ärmsten der Township-Bewohner die noch ärmeren Einwanderer aus Simbabwe oder Somalia angriffen, ihre Hütten zerstörten, manche sogar töteten, war eines der hässlichen Gesichter der Rainbow Nation. Seit Ende der Apartheid hatte sich Südafrika zum größten Einwanderungsland der Welt entwickelt – gemessen an seiner Einwohnerzahl. Vier bis sechs Millionen Menschen waren seither auf der Flucht vor Diktaturen, Konflikten oder Armut ans Kap geströmt. Obwohl sie meist Uni-Abschlüsse in der Tasche hatten, mussten sie sich als Erntehelfer oder car guards durchschlagen. Die Einheimischen warfen ihnen deshalb vor, ihnen die raren Jobs wegzunehmen. Dass es mancher Südafrikaner wegen des vergleichsweise guten sozialen Netzes mit der Jobsuche selbst eher gemütlich angehen ließ, wurde da gern mal verschwiegen. Viel bequemer war es ja, die Schuld bei den anderen zu suchen. Waren sie nicht die Amakwekwere, die unwillkommenen Fremden, die sich am Honigtopf labten? Manchmal schlug die südafrikanische Identitätssuche eine ziemlich düstere Richtung ein.

Als ich zuhause mein Handy anstellte, hatte ich eine Nachricht auf der Mobilbox. Es war James. „Hi, Kristina, wir machen die Zeremonie doch schon in zwei Wochen. Später dürfen wir keine Elands jagen, weil sie dann Nachwuchs haben ... Wie sieht's aus: Bist du dabei?"

Was für eine Frage! Ich wählte seine Nummer.

Südafrikanisch für Anfänger

Lektion 9: Ehren Sie die Ahnen!

Im südafrikanischen Himmel muss ziemliches Gedränge herrschen: Zwischen Gott, Allah, Jahwe und den Hindu-Göttern wuseln ja nicht nur der Xhosa-Schöpfer Tixo und diverse andere afrikanische Götter. Es wimmelt auch nur so von Ahnen. So zahlreich sind die zu Schutzgeistern gewordenen Verstorbenen, dass Mandela mal gesagt haben soll, nach seinem Tod würde er als Erstes mit anderen dahingeschiedenen Parteigenossen einen himmlischen ANC-Ortsverein gründen.

Wie kommen die Südafrikaner mit dem Massenauflauf klar? In der Regel prima. Man fühlt sich umsorgt und geborgen. Und so lässt sich die getaufte Township-Mama selbstverständlich zur Sangoma ausbilden, wenn die Ahnen das befehlen. Und der Präsident tingelt im Wahlkampf nicht nur durch die Kirchen, sondern droht ANC-Abtrünnigen auch mit der Rache der Vorfahren. Die sind ja gern mal beleidigt. Am liebsten wegen Missachtung der Traditionen. Dann peinigen sie den Sünder mit Pech und Schmerzen, und nur ein Sangoma kann von ihnen erfragen, was los ist, und das passende Gegenmittel, das Muti, finden. 84 Prozent der Südafrikaner besuchen mehrmals im Jahr einen der rund 200 000 traditional healers. Die meisten sind ehrenwerte Naturheilkundler, die ernsthaft Kranke sofort an Ärzte verweisen. Doch es gibt auch Scharlatane, die gerade die Ärmsten schamlos schröpfen. Wenn Sie Ihre Ahnen (und Ihre Gesundheit) nicht durch solche Stümper belästigen wollen, lassen Sie sich den Heiler Ihres Vertrauens lieber von einem südafrikanischen Bekannten empfehlen. Oder gehen Sie gleich zum Faraday Muti Market in Joburg. Wer sich auf dem größten Heilkräuter- und Zauberermarkt Südafrikas als Sangoma behaupten will, darf sich nämlich keine Kurpfuscherei leisten.

Juli

DAS SCHLACHTFELD LAG BEGRABEN UNTER EINER
SCHICHT aus Karamell. Bis zum Horizont wellte sich das sah-
nige Braun. Fein gepinselte Nougat-Rinder und Schokobäum-
chen hoben sich darauf wie Scherenschnitte ab. In der Mitte
thronte wie das Brautpaar auf der Hochzeitstorte eine bitter-
schokoladenschwarze Wagenburg aus 64 Ochsenkarren – das
Blood River Monument.

Fünfhundert Meter davon entfernt stand ich am Ufer des
Ncome-Flusses bis zur Hüfte im cremefarbenen Savannen-
gras und starrte nun schon seit einer Viertelstunde auf das
skurrile Gebilde vor mir. Aus der Nähe waren die Bronzekar-
ren des Monuments so gewaltig gewesen wie echte Ochsenwagen. Und als ich mich in die Mitte des Wagenkreises gestellt hatte, hatte ich mich gefühlt wie von einer Stadtmauer
umgeben. Jetzt aber, aus der Ferne, war die Wirkung weniger
bombastisch. Da erinnerte mich das Monument eher an ein
irres Konditorkunstwerk. Die Landschaft ringsum hatte der
südafrikanische Winter nämlich in satte Schokotöne getaucht.
Und je länger ich hier stand und auf einen der ehemals blu-
tigsten Kriegsschauplätze Südafrikas starrte, desto mehr kam
es mir vor, als befände ich mich auf einer gigantischen Nuss-
torte.

Seit dem frühen Morgen war ich unterwegs im sagenhaf-
ten Zululand. Bevor ich mit James' Familie in die Geisterwelt
seiner San-Ahnen hinabsteigen würde, wollte ich einen Ausflug in die etwas jüngere Vergangenheit Südafrikas unternehmen: auf die Battlefields von KwaZulu Natal. „Wenn du dich
für die Identität der Südafrikaner interessierst, musst du da
hin!", hatte mir François die Reise förmlich aufgedrängt. „Ge-

nerationen von Kriegern haben da gekämpft: Zulus gegen Buren, Briten gegen Zulus, Buren gegen Briten. Überall stolperst du über Gedenkstätten."

Bis jetzt war der Abstecher zumindest landschaftlich wunderschön gewesen. Von Durban aus war ich zunächst der N2 nach Norden gefolgt. Links erstreckten sich Zuckerrohrplantagen, rechts ritten Surfer auf türkisfarbenen Wellen, ein warmer Wind wehte – nach dem kalten Wetter in Kapstadt kam mir die North Coast vor wie ein tropischer Garten. Als ich bei Gingindlovu ins Landesinnere abbog, änderte sich die Landschaft dann abrupt: Nadelwälder bedeckten nun rollende Hügel, fast erinnerte mich der Wechsel von Bäumen und Weiden ans bayerische Voralpenland. Mit dem Unterschied freilich, dass auf den Kuppen der Hügel statt wuchtiger Giebelhäuser strohgedeckte Lehmhütten thronten.

Seit gut zweihundert Jahren war die Gegend die Heimat der Zulus, der größten Bevölkerungsgruppe Südafrikas. Ihre Vorfahren waren ab dem 14. Jahrhundert aus Zentralafrika eingewandert. Anfang des 19. Jahrhunderts hatte König Shaka, der legendäre Zulu-Führer, dann durch blutige Raubfeldzüge ein gewaltiges Reich zusammenerobert. Doch die Macht währte nur kurz. Als nämlich die Briten 1814 die fast 2000 Kilometer entfernte Kapkolonie annektierten und die Sklaverei dort verboten, wollten sich viele burische Siedler damit nicht abfinden. Mehr als 15 000 Voortrekker brachen beim „Großen Trek" mit Ochsenkarren ins Landesinnere auf. In sicherer Entfernung von den liberalen Briten gründeten sie neue Staaten, in denen sie nach eigener Fasson selig werden wollten. Ein Teil von ihnen plante das auch auf dem Gebiet der Zulus.

Doch sie stießen auf Widerstand. Bereits der Burenführer, der die Landübergabe mit dem Zulu-König aushandeln sollte, wurde samt seinen unbewaffneten Gefährten hingerichtet. In einem Überraschungsangriff töteten die Zulus später noch 530 weitere Buren, darunter viele Frauen und Kinder.

Die Buren schworen Rache – natürlich bei Gott, schließlich sahen sie sich als sein auserwähltes Volk. 472 Mann und 64 Ochsenwagen rückten im Dezember 1838 bis zum Ncome-Fluss vor und errichteten dort eine Wagenburg. Als 3000 Zulu-Krieger in den frühen Morgenstunden des 16. Dezembers angriffen, verteidigten sich die Buren so geschickt, dass schon mittags alle Zulus tot im Gras oder im blutrot gefärbten Fluss, dem späteren Blood River, lagen. Die Buren dagegen waren alle noch am Leben. Und vom Triumph beseelt: Gab es einen besseren Beweis für die göttliche Mission ihres Volks?

Noch heute versammeln sich jedes Jahr am 16. Dezember Hunderte von Buren am Voortrekker Monument in Pretoria, um ihre Helden zu ehren. Just am selben Tag feierten während der Apartheid die Schwarzen den Beginn des bewaffneten Anti-Apartheid-Kampfes – schließlich hatte sich am 16. Dezember 1961 der bewaffnete Arm des ANC gegründet. 1994 versuchte man dann, die beiden Daten zu einem weniger kriegerischen Gedenktag zu vereinen. Man taufte den 16. Dezember Reconciliation Day, Versöhnungstag, und appellierte an den Gemeinschaftsgeist des neuen Südafrika. In einem Punkt hatte das tatsächlich gefruchtet: Den 16. Dezember verbringen die meisten Südafrikaner heute wirklich in rassenübergreifender Eintracht – auf der Autobahn. Mitte Dezember beginnen nämlich die Sommerferien.

Auch für mich wurde es Zeit, mich wieder ins Auto zu setzen. Bis zum südlichen Ende des Drakensberg National Park, wo die San-Zeremonie morgen stattfinden sollte, brauchte ich noch mindestens drei Stunden. Und gegen fünf wurde es bereits dunkel.

Ich wanderte zurück zum Monument. In der mit Burendevotionalien geschmückten Trekkerkombuis neben den Ochsenkarren verschlang ich ein paar Vetkoeks, mit Fleisch gefüllte Krapfen. Dann rief ich James an, um zu erfahren, wann die Zeremonie morgen starten würde.

Es dauerte ewig, bis er ans Telefon ging. Im Hintergrund tobte wildes Geschrei. „James? Hallo? Ich hoffe, ich störe nicht! Hier ist Kristina, die Deutsche, die morgen bei der Zeremonie mitgeht. Ich wollte nur wissen, wann es losgeht ..." – „Kristina!", schrie James und versuchte den Lärm zu übertönen. „Ich weiß noch nicht, wann es losgeht! Wir müssen so viel organisieren, die ganze Familie ist da, Hunderte von Leuten, ich muss so viel einkaufen ..." Er rief etwas hinter sich. Plötzlich herrschte Ruhe.

„Kein Problem", sagte ich. „Dann ruf ich morgen früh noch mal an, ja?" – „Okay! Okay! Ich will, dass es eine gute Zeremonie wird! Ja? Eine sehr gute Zeremonie! Äh, Kristina?" – „Ja?" – „Ich habe gerade so viele Ausgaben, das Essen, das Eland ... Und ich muss vor dem Fest noch so viele Leute anrufen. Kannst du mir Airtime schicken?" Ich zögerte. Wir hatten uns noch nicht mal getroffen, und er wollte schon, dass ich ihm Handyguthaben schenkte? „Mal sehen, James. Ich guck', ob ich eine Tankstelle finde. Bis morgen, ja?" – „Bis morgen!"

Das fing ja mal wieder gut an. Dass von mir, der Weißen, fast überall Geld oder Geschenke erwartet wurden, war eine afrikanische Eigenart, an die ich mich noch nicht so recht gewöhnt hatte. Sicher, das afrikanische Verhältnis zu Besitz war ein sehr spezielles: Wer etwas hatte, egal ob Geld, Auto oder Vorräte, war fast schon moralisch verpflichtet, es mit seiner Familie zu teilen. Die umfasste oft das halbe Dorf. Und da man vermutete, alle Weiße schwämmen ohnehin im Reichtum, wurde bei ihnen Großzügigkeit auch weit über Familienbande hinaus erwartet. Wenn ich als Reporterin unterwegs war, stürzte mich das regelmäßig in einen Gewissenskonflikt: Gesprächspartnern Geld zu geben fand ich journalistisch gesehen eigentlich nicht in Ordnung. Mir kam das vor, als kaufte ich meine Information. Andererseits gebot es die Konvention, als – weißer – Besucher Geld oder Essen mitzubringen. Wie sollte ich mich jetzt gegenüber James verhalten?

Ich beschloss, erst mal loszufahren. Käme ich an einer Tankstelle vorbei, könnte ich ja immer noch eine Entscheidung treffen. Eine gute Stunde kurvte ich durch endlose Graslandschaften, begleitet von ähnlich endlosen Hochspannungsleitungen und vom Country-Gedudel des Afrikaans-Sender RSG. Dann konnte ich das Ziel meiner Reise endlich als blaue Zackenlinie am Horizont erkennen: die Drakensberge. Plötzlich war ich aufgeregt. Seit Monaten hatte ich mich auf diesen Anblick gefreut. Ukhahlamba, „Mauer aus Speeren", hatten die Zulus die Berge genannt. Mit Gipfeln bis zu 3482 Metern waren sie die höchsten im südlichen Afrika. Und sie hatten einen Mythos, der mir gut gefiel: Wer in Südafrika Schutz suchte, der floh seit jeher in die Schluchten und Hochtäler der „Drachenberge".

Als Erste hatten das die San getan. In den Drakensbergen hatten sie sich vor den Bantu-Völkern versteckt, die sich ab 1300 im Gebiet des heutigen KwaZulu Natal mit ihren Rindern niedergelassen hatten. Fünfhundert Jahre später waren ihnen dann viele kleine Bantu-Völker gefolgt – ihrerseits auf der Flucht vor den Truppen Shaka Zulus. Im Schutz der Berge gründeten sie sogar ein neues Volk, die Basotho, die sich 1966 als Königreich Lesotho unabhängig erklärten. Lesotho diente während der Apartheid wiederum ANC-Mitgliedern als Exil. Und kürzlich hatte ich sogar in einem Hollywood-Blockbuster Rudimente des Drakensbergmythos entdeckt: Im Katastrophenfilm „2012" blieb nach zweieinhalb Stunden computeranimierter Tsunamis exakt ein Felsmassiv übrig, auf das die Menschheit sich retten konnte: die Drakensberge. Zufall? Vielleicht. Womöglich war Roland Emmerich aber einfach auch Drakensbergfan.

Die Sonne stand jetzt tief. Ich fuhr schneller. Hoffentlich erreichte ich das Camp, bevor es dunkel wurde. Mein Vertrauen in das Navi war seit den Battlefields nämlich empfindlich erschüttert. Kaum war ich dort mal auf einen Feldweg eingebogen, hatte das Gerät ständig Routen ausgerechnet, die mich zurück zu Asphaltstraßen führen sollten. Schwächling. Zur Strafe lag es jetzt Handschuhfach.

Hoffentlich war das kein Fehler?

Um mich abzulenken, dachte ich noch mal über meinen Morgen auf den Battlefields nach. Hatten mir die Schlachtfelder tatsächlich etwas Neues über die südafrikanische Identität erzählt? Wie bei so vielem schien man sich auch beim Gedenken streng an die Stammesgrenzen zu halten. Die Buren pilgerten zum Blood River Monument und dachten an die Voortrekker. Die Zulus besuchten das Schlachtfeld von Isandlwana und freuten sich über ihren Sieg gegen die Briten. Die Briten wiederum knipsten sich am liebsten vor dem Handelsposten von Rorke's Drift, den britische Soldaten einst gegen eine Zulu-Übermacht verteidigt hatten. So weit, so erwartbar. Und: etwas enttäuschend.

Erst als ich kurz nach Ladysmith Rast machte und an einer Tankstelle einen Kaffee trank, ruckelten sich meine Gedanken plötzlich zu einer optimistischeren Erkenntnis zurecht: Jahrhundertelang hatten sich die Menschen auf diesem Fleck Erde niedergemetzelt. Und was taten sie jetzt? Ich sah mich um. Neben mir rührte ein khakibehoster Weißer im Kaffee. Dahinter quengelten zwei schwarze Stöpsel ihre Eltern um Eis an. Ein indisch-stämmiges Paar sah ihnen vom Nebentisch aus lächelnd zu. Sicher, es gab keine Verbrüderungsgesten, noch nicht mal gemischtrassige Tischgemeinschaften. Doch es gab eine Art friedliche Koexistenz. War das nicht schon Wunder genug? Vielleicht lag in dem Wort Reconciliation Day doch eine tiefere Wahrheit, als ich zunächst vermutet hatte. Ich zahlte meinen Kaffee, schickte James 29 Rand Handyguthaben und bog wieder auf die N3. Ich fühlte mich beschwingt. Nicht nur wegen des Koffeins.

Dann, endlich: die Drakensberge. Schroffe Kanten wuchsen aus welligen Hängen. Schokobraune Kuppen spiegelten sich in zugefrorenen Seen, ab und an gekrönt von einer weißen Mütze. Ein wenig erinnerten mich die winterlichen Drakensbergen an die Alpen im Herbst. Doch es gab fast keine Bäume. Nur Gras, das die Falten und Buckel wie Samt überzog.

Schon kurz nachdem ich mein Camp erreicht hatte, suppte Nebel ins Tal. Bald konnte man nur noch wenige Meter weit sehen. Umso wohler fühlte ich mich in meinem cottage. Auf dem Elektrokocher machte ich mir die mitgebrachte Tütensuppe heiß und löffelte sie vor dem lodernden Kamin. Dann präparierte ich das Feuer für die Nacht und kroch mit einem Grog ins Bett. Als Einstimmung auf morgen wollte ich noch mal den Artikel lesen, der mich überhaupt auf die Idee mit der Zeremonie gebracht hatte.

Ein Anthropologe der Universität von KwaZulu Natal hatte ihn verfasst. Thema waren die „Secret San", ein Sujet, über das der Mann offensichtlich sein Leben lang geforscht hatte. Und das war sein Resultat: Während die Welt lange glaubte, die San der Drakensberge seien ausgestorben, hatten mehrere Hundert von ihnen im Verborgenen überlebt. Schon im 19. Jahrhundert hatten sie nämlich begonnen, vor den weißen Siedlern, die sie wie Tiere jagten, bei freundlichen Bantu-Chiefs Schutz zu suchen. Sie nahmen die Namen der Chiefs an, integrierten sich in die Clans, heirateten Bantu-Frauen und -Männer. Nachts jedoch besuchten sie weiterhin heimlich ihre heiligen Orte. Sie beteten nach eigenen Regeln und vermachten ihr Wissen über Pflanzen und Tiere an ihre Kinder. Mehr noch als für die Bantu ist nämlich für die San die Natur ein von allerlei Geistern bevölkertes Reich. Nie darf der Mensch etwas daraus entfernen, wenn er es nicht zum Überleben braucht. Erst recht unvorstellbar ist der Besitz von Tieren. Damit hatten es die San unter Bantus und Buren natürlich schwer. Kein Bauer hatte Verständnis dafür, dass San-Jäger, wenn sie Hunger hatten, sein Vieh einfach töteten, weil es ihrer Meinung nach nur sich selbst gehörte. Ihr Leben war ein ständiger Kampf zwischen dem Willen ihrer Ahnen und den Regeln der Menschen.

Auch heute lebten die Nachfahren der San als Außenseiter. Zwar hatte die Nationalparkverwaltung ihnen inzwischen erlaubt, im Park ihre Rituale auszuführen. Und einige von ihnen waren in den Zulu-Dörfern gut integriert. Trotzdem litten viele unter Hoffnungs- und Orientierungslosigkeit. Die Alten waren oft dem Alkohol verfallen, die Jungen fanden keine Jobs. Umso spannender, dass James offensichtlich versuchte, Traditionspflege mit Arbeitsbeschaffung zu verbinden. Wer seine Tour buchte, wurde von seiner Familie bewirtet und konnte selbst gemachte Souvenirs kaufen. Und natürlich war James auch die treibende Kraft hinter der Zeremonie, die das Selbstbewusstsein der San nach Ansicht des Anthropologen enorm gesteigert hatte. Ich konnte es kaum erwarten, ihn und die anderen morgen zu begleiten.

Mit vom Grog schweren Lidern legte ich den Aufsatz zur Seite und knipste das Licht aus. In der Hütte war es jetzt bis aufs Knacken des Feuers still. Auf den Wänden tanzten die Schatten. Fast sah es aus, als huschten schwarze Kobolde durch den Raum. Die Zulus und Xhosas glaubten ja tatsächlich an solche Fabelwesen: die Tokoloshe. Das waren bösartige Albe, die einen Menschen töten, ja, ganze Dörfer vernichten konnten. Damit die Monster sie im Schlaf nicht angriffen, stellten die Zulus ihre Betten auf Ziegel. Ich linste zum Bettrand: Holzpfosten. Na toll. Die nagte so ein Troll sicher weg wie ein Hase die Karotte. Wieso hatte ich Nomawetu nicht um ein Muti gegen Tokoloshe gebeten?

Nomawetu war die Sangoma, die mich in Kapstadt in die Grundzüge des Ahnenglaubens eingewiesen hatte. Sie war die Freundin einer Freundin einer Tante von Ubie. Und eigentlich nicht besonders begeistert, als ich ihr mein Anliegen am Telefon erläuterte. „Glaubst du überhaupt an die Kraft der Ahnen?", fragte sie mich streng. Ich nuschelte etwas Vages. „Wenn du nicht glaubst, wieso willst du dann mit mir sprechen?" – „Vielleicht weil ich glauben werde, wenn ich erst mal mehr darüber weiß?" Pause. „Nomawetu? Sind Sie noch da?" – „Ja. Na gut, komm vorbei. Ich werfe aber keine Knochen! Dass das klar ist! Ich kommuniziere über Träume."

Nomawetu lebte mit ihrem Neffen in einer unverputzten Betonhütte in Macassar, Kayelitsha. Als ich mit dem Mini davor hielt, stand sie schon an der Tür. Eine kleine Frau mit kurz rasierten Haaren und Jeansrock. Um Hüften, Hals, Arme und Stirn hatte sie weiße Perlenketten geschlungen. Zum Glück schien ihre Skepsis inzwischen etwas geschwunden. Sie umarmte mich und deutete ihre Ketten. „Das ist das Zeichen der Sangomas. Die Perlen haben auch mir den Weg gezeigt. Komm rein!"

Vor fünfzehn Jahren, so erzählte sie mir bei einer Tasse Nescafé, hatte sie beim Saubermachen in ihrer Hütte immer wieder weiße Perlen gefunden. Beim ersten Mal hatte sie sie einfach auf die Straße gekehrt. Beim zweiten Mal ins Plumpsklo auf dem Hof geschmissen. Beim dritten Mal, da ahnte sie schon, was es damit auf sich hatte, hatte sie die Kügelchen mit zugehaltener Nase heruntergewürgt. Sofort bekam sie fürchterliche Kopfschmerzen, wurde depressiv und wütend auf alles und jeden. Ein paar Monate zog sich das hin. Dann brachte ihre Schwester sie zu einer Sangoma in der Nachbarschaft. Die bestätigte Nomawetus Befürchtung: „Die Ahnen wollen, dass du eine Sangoma wirst!" Und Nomawetu akzeptierte ihr Schicksal. Sie kratzte ihre Ersparnisse zusammen, kündigte ihren Job in einer Textilfabrik und ging ein Jahr lang bei der Frau in die Lehre. Trainierte verschiedene Arten, mit den Ahnen in Kontakt zu treten und ihre Zeichen zu deuten, lernte alles Wichtige über Heilpflanzen und ihre Wirkung. Dann bat sie ihren Vater, eine Ziege zu schlachten. Das war das Zeichen: Nomawetu war jetzt selbst eine Sangoma.

Seither beriet sie neben ihrem Fabrikjob jede Woche zwei

bis drei Kunden. Fünfzig Rand gaben ihr die meisten für eine Sitzung. Nomawetus Spezialität war die Traumdeutung. „Ich bin keine igwhele", betonte sie. „Das sind Sangomas, die dir bei körperlichen Leiden mit Kräutern und anderen Muti helfen. Ich bin eine igqirha. Ich heile die inneren Wunden." In einer kleinen, mit Tüchern verhängten Kammer hatte sie aufgebaut, was sie dazu brauchte: Weiße Tücher, Leoparden- und Springbok-Felle hingen über einer Schnur in der Ecke. Darunter brannte eine weiße Kerze. Auf dem Boden lagen Tüten und Einmachgläser mit getrockneten Kräutern. „Wenn ich die verbrenne, kann ich leichter in Kontakt mit den Ahnen treten", erklärte sie. „Die sagen mir dann, was meine Kunden tun müssen, um sich wieder wohlzufühlen."

„Könntest du auch einen Traum von mir deuten?", fragte ich sie, als wir wieder im Wohnzimmer saßen. Nomawetu sah mich amüsiert an. „Ungläubigen sagen die Ahnen nichts. Aber vielleicht kann ich dir so helfen ..." Ich erzählte ihr von meinem Schwimmbadtraum: „Was bedeutet das?"

Nomawetu kräuselte kurz ihre Lippen und schloss die Augen. Dann blickte sie mich an. „Es bedeutet, dass du springen musst. Dann wird etwas passieren, was dir hilft." – „Aber von welcher Stelle soll ich denn springen?" – „Egal. Spring einfach." Sie stand auf. „Hast du sonst noch Fragen?" Ich schüttelte den Kopf und legte einen Fünfzig-Rand-Schein auf den Tisch. Nomawetu steckte ihn mit einer flinken Bewegung in ihre Rocktasche. Sie lächelte mich an. „Alles Gute, Sisi ..."

Enttäuscht war ich damals zum Auto zurückgegangen. Toll, so weit war ich auch schon gewesen: „Du musst springen." Genau das war doch mein Problem!

Vielleicht, so überlegte ich jetzt in meiner dunklen Hütte in den Drakensbergen, war das ganze Getue um Ahnen und Geistheiler eben doch nur ein riesiger Humbug, der den Menschen das Geld aus der Tasche zog. Statt ständig Vieh für Schlachtopfer zu kaufen und teure Sangoma-Sitzungen zu absolvieren, sollten die Leute lieber in die Bildung ihrer Kinder investieren! Die Schatten auf den Hüttenwänden fand ich trotzdem beunruhigend. Ob Ahnen und Geister ein Gespür dafür hatten, wer ihnen nicht wohlgesinnt war? Ich beobachtete das Flackern noch eine Weile. Dann fielen mir die Augen zu.

Ich träumte wild in dieser Nacht: Drei haarige Kobolde rissen mich brutal aus dem Bett und hoch in den eisigen Himmel. Wir rasten durch die Nacht, endlos dauerte die Reise. Irgendwann zischte mir einer der Zwerge zu: „Spring!" Und dann ließen sie mich los. Ich schrie, ruderte mit Armen und Beinen, versuchte irgendwo Halt zu finden. Doch da war nichts. Nur Tiefe, die wie ein dunkler Strudel an mir saugte. Irgendwann schlug ich auf. Ich lag auf dem Boden vor dem Bett. Meine Kleidung war schweißnass.

Am nächsten Morgen wurde ich von dumpfen Schlägen wach. Völlig gerädert von der Nacht hob ich den Kopf und sah aus dem Fenster. Auf der vereisten Wiese stand ein ledriger Alter in kurzen Hosen und hackte Holz, dass die Späne nur so flogen. Es war der Camp-Besitzer. Offensichtlich ein besonders eifriges Exemplar des von mir sonst so belächelten Outdoor-Buren. Nach meinen wüsten Träumen hätte ich den Mann aber am liebsten umarmt. So beruhigend wirkte die Diesseitigkeit, die er ausstrahlte. Ich griff dann doch lieber zu den frischen Scheiten vor der Tür und entfachte das Feuer neu. Bald war es so warm, dass ich ohne Mantel frühstücken konnte.

Was war das nur für eine Nacht gewesen! Die ständige Beschäftigung mit der afrikanischen Geisterwelt machte mich noch ganz irre. Die Zeremonie würde ich auf jeden Fall mit angemessener Skepsis beobachten. Da fiel mir ein: Ich musste ja noch rauskriegen, wann es losging. Ich rief James an. „Hi, James, alles klar bei euch?" – „Kristina!" Wieder großer Tumult im Hintergrund. „Ja, alles gut! Ich bin auf dem Hof meines Freundes. Er hat eben das Eland geschlachtet. Jetzt suchen wir einen Kühlschrank für das Blut ..." – „Da will ich nicht stören. Wann und wo treffen wir uns?" – „Komm um zwei zum Rock Art Centre." – „Prima. Bis dann!" – „Bis dann!"

Bis zwei blieben mir noch fünf Stunden. Zeit genug, mich ein wenig umzusehen. Mit dem Auto fuhr ich zum Reservat. Kurz davor führte die Schotterpiste durch Thendela, das Zulu-Dorf, in dem der Großteil von James' Familie lebte. Auf den Pfaden zwischen den Rundhütten herrschte geschäftiges Treiben. Tüten und Bierkästen wurden aus Autos gewuchtet, Rinder und Ziegen durchs Dorf getrieben. Wahrscheinlich die Vorbereitungen fürs Fest nach der Zeremonie. James hatte mir erklärt, dass es morgen noch ein Familientreffen geben würde, mit Festreden, Bier und Essen. Eigentlich hatte er mich dazu eingeladen. Doch dann hätte ich die Reise um einen Tag verlängern müssen. Das war mir zu teuer gewesen. Ich hatte abgesagt. Ob das ein Fehler war? Ach, nein. Das Wichtigste war doch die Zeremonie, oder?

Das Rock Art Centre war erst 2002 eröffnet worden – und richtig gut gemacht. Die zwei Zulu-Jungs, die etwas gelangweilt im Souvenirshop saßen, schoben mich erst mal in einen Filmraum, dort sah ich eine DVD über die San. Dann wanderte ich mit einem der Jungen hinauf zum Game Pass Shelter, wo die Zeremonie stattfinden würde. Bevor es losging, konnte ich mir die Zeichnungen ja schon mal in Ruhe ansehen.

Eine Stunde marschierten wir durch die braunen Berge. Die Sonne brannte, ein frischer Wind blies und mein zwanzigjähriger Führer plapperte so munter über das Dorfleben von Thendela und seinen Traum vom eigenen Pub in Durban, dass ich die Wirren der Nacht schnell vergessen hatte. Natürlich kannte er auch James und seine Familie. Als ich ihm erzählte, dass ich später an der Zeremonie teilnehmen wollte, kicherte er.

„Wieso lachst du?" – „Na ja, Weiße haben daran noch nie teilgenommen ..." – „Ich weiß", sagte ich stolz. „Deshalb bin ich ja extra hergekommen. James hat mir versprochen, dass alles klappen wird." – „So?" Der Junge grinste. „Na, dann ..."

Die von einem Überhang geschützten Malereien waren wunderbar erhalten. Die Hauptzeichnung zeigte eine von Jägern umringte Eland-Herde, die Farben waren so kräftig, als habe der Künstler sie gerade aufgetragen. Spannender war aber ein Bild weiter unten. Man sah ein sterbendes Eland. Ein sonderbares Mensch-Tier-Wesen umklammerte den Schwanz. Das Gemälde war weltberühmt. Ihm war es zu verdanken, dass man endlich begriffen hatte, was die San-Kunst eigentlich darstellte: die Übertragung übernatürlicher Kräfte auf den Menschen. Vor allem Elands galten als Träger dieser Kraft. Tötete ein Jäger eine Antilope, ging ihre Kraft auf ihn über. Um diesen Prozess zu verdeutlichen, hatte der Zeichner den Menschen mit Tierkopf und Hufen ausgestattet.

Angeblich gab es noch eine zweite Möglichkeit, die Kraft zu erhalten und sogar mit Gott persönlich zu kommunizieren: Man musste sich in Trance singen oder tanzen. Oder die Sinne durch Drogen erweitern. Ob das auch Teil des Rituals heute Nachmittag sein würde? Ich warf einen Blick auf die Uhr. Meine Güte, es war ja schon eins! „Lass uns zurückgehen!", rief ich meinem Guide zu, der auf einem Felsen saß und sich sonnte. „Sonst gehen die ohne mich los!" Der Junge hob die Hand. „Keine Sorge, die sind nicht pünktlich ..."

Tatsächlich war der Parkplatz neben dem Zentrum leer, als wir ankamen. Auch um halb drei war keiner da. Ich wählte James' Nummer: „Yees?" – „James, ich bin jetzt am Rock Art Centre. Wo seid ihr denn?" – „Oh ... ssssorry ..." James' Zunge klang merkwürdig schwer. „Wir sssind auf dem Weg ..." Na gut, vielleicht hatte er sich vor der Prozession noch rasch hingelegt. Typisch deutsch, meine Pünktlichkeit. Ich lehnte mich an mein Auto. Eine weitere halbe Stunde verging.

Und noch eine.

Und noch eine.

„James, wo bleibt ihr? Die Sonne geht doch bald unter. Wollt ihr im Dunkeln gehen?" – „Sind auf dem Weg ..."

Um halb fünf rumpelte endlich ein Bakkie auf den Parkplatz. Auf der Ladefläche saßen drei mollige Zulu-Frauen, hinter dem Steuer ein Park-Ranger. Vom Beifahrersitz kletterte eine hagere Gestalt in einem abgewetzten Smoking. Auf dem Kopf trug sie einen Zylinder, in der Hand eine Plastiktüte. Es war James.

„Helllooo!" Er wankte auf mich zu, packte meine Hand und schüttelte sie. Säuerlicher Atem wehte mich an, ich wich ein paar Zentimeter zurück. „Hallo, James", sagte ich bemüht sachlich. „Wo sind denn die anderen Zeremonie-Teilnehmer?"

James machte eine großzügige Handbewegung. „Üüüberall. Bereiten die Feier vor. Können deshalb nicht kommen. Ich hab' aber Ladys aus dem Dorf mitgebracht. Für die Musik."

Ich traute meinen Ohren nicht. Ich war doch nicht durch ganz Südafrika angereist, um eine Folkloregruppe zu hören! Ich wollte die erste Weiße sein, die an der Zeremonie teilnimmt! „Was soll das? Was ist mit der Zeremonie?"

„Sooorrry. Wir geh'n morgen. Nach der Feier. Kannssu gern mitkomm' ..." – „Ich muss doch morgen nach Durban! Das habe ich doch am Telefon gesagt!" – „Nisso schlimm. Dann beten eben nur wir. Du und ich. Und die Ladys singen ..." Er grinste vernebelten Blicks.

Na toll, das war's wohl mit meinem Pioniervorhaben. Ob meine knappe Reiseplanung schuld daran war, dass ich die Zeremonie nicht sehen würde, oder ob die Familie mich einfach nicht dabeihaben wollte, war jetzt auch egal. Entweder ich stieg jetzt sofort ins Auto und fuhr zurück zum Camp. Oder ich ließ mich auf James' Alternativabenteuer ein. Ich nickte ihm zu. „Lass uns gehen ..."

James mochte sturzhagelvoll sein, über den Bergpfad hüpfte er aber wie ein Zicklein. Während wir durchs halbdunkle Tal eilten, redete er die ganze Zeit auf mich ein. „Ich bin der letzte, der allerletzte, weissu? Als Kind bin ich noch mit'm alten Kerrick zum Fels hochgelaufen, das war der letzte San. Nu issa tot. Und ich bin der letzte. Der allerallerletzte. Nur ich weiß noch die Rituale ... Meine Söhne kannst du vergessen. Die woll'n nach Joburg, money, money ... Nur ich bin noch da. Ich trage die Verantwortung ..."

Nach einer halben Stunde blieb er abrupt stehen. Ich wäre fast gegen ihn gerannt. „Die spirits, ich fühle die spirits ...", flüsterte er und klang plötzlich gar nicht mehr betrunken. „Sie sind überall ... Lass uns bleiben. Ich will jetzt beten."

Wir standen unter einem Felsüberhang, den einige verwischte Zeichnungen zierten. Von der Überhangkante plätscherte ein Wasserfall. Als wir heute Mittag hier vorbeigekommen waren, hatte mir der Guide erzählt, der Ort habe für die San eine ähnliche Bedeutung wie der Fels auf dem Bergkamm. Wegen des Wassers. Es sei heilig.

James rief den Frauen etwas zu. Sie stellten sich unter das Felsdach und waren plötzlich ganz still. Aus seiner Tüte zog er ein Einmachglas, etwas Gestrüpp und ein schwabbeliges Teil, von dem ich keine Ahnung hatte, was es sein konnte. „James ..." Ich flüsterte jetzt auch. „Was hast du aus der Tüte gezogen?" – „In dem Glas ist Elandblut. Das hier ist Impepho-Kraut, damit ich die Ahnen verstehe. Und das ist die Gallenblase einer Ziege, die ist auch für die Ahnen. Hast du sonst noch Fragen?" Ich schüttelte den Kopf. „Dann reib' dich jetzt mit Gras ab, damit du den Ort nicht verschmutzt. Und dann schweig, denn nun werde ich beten."

Ich rupfte gehorsam Gras aus. Von der rituellen Reinigung hatte ich schon gehört. Weil die San die spirituelle Verschmutzung ihrer Heiligtümer durch Ungläubige befürchteten, hatten sie sich sogar bei der Parkverwaltung beschwert. Seitdem wurden Parkbesucher gebeten, sich an den betreffenden Stätten mit Gras zu säubern. Vielleicht war James' Hokuspokus doch ernster zu nehmen als gedacht?

James hatte das Einmachglas mit Wasser aus dem Fluss aufgefüllt und die Gallenblase darüber ausgedrückt. Jetzt zog er seine Schuhe aus, hüpfte über die Steine und verspritzte die Flüssigkeit mit einem Stock. Die Frauen sangen dazu. Es klang rhythmisch, wie ein Tanzlied.

Ich blickte ins Tal und versuchte, mich zu entspannen. Auf dem Gipfel glühte ein letzter Sonnenrest, am Himmel stand schon der Mond. Blaue Stunde. Zwischenzeit. Der perfekte Moment, um sich eins zu fühlen mit Natur, Kosmos, Geistern. Doch sosehr ich auch in mich hineinhorchte, versuchte, in Wasser und Fels mehr zu erkennen als chemische Verbindungen: Ich fühlte – nichts. Als wären die Nerven dafür tot. Oder gar nicht vorhanden.

Aus James' Richtung wehte es jetzt würzig. Das Impepho-Kraut brannte, James kniete davor und wedelte sich den Rauch ins Gesicht. Er begann zu beten. Sein Oberkörper schwankte vor und zurück, die Lippen murmelten Worte in einer fremden Sprache. Als das Kraut niedergebrannt war, öffnete er die Augen und gebot den Frauen zu schweigen. Eine Weile hockte er noch neben der Feuerstelle, starrte ins Leere. Dann packte er seine Sachen und kam zu mir.

„Und? Hat es dir gefallen?" Ich wusste nichts Rechtes zu sagen, nickte nur kurz. James riss etwas aus der Wiese. „Hier!" Er hielt mir eine Wurzel vor die Nase. „Gib das dem, den du liebst. Und er wird dir nicht widerstehen können ..." Er kicherte. Wieder roch ich seine Fahne. „Danke", sagte ich schnell und stopfte das Gras in meine Tasche. „Bist du fertig mit Beten?" James nickte. „Ja. Wir gehen zurück."

Diesmal stiegen wir über die Wiesen ab. Der Mond tauchte das Tal in silbriges Licht, die Frauen leuchteten in ihren hellen Kleidern wie Wattebäusche. Kichernd kullerten sie über das Gras, und ich kullerte mit. Froh, endlich Abstand von James zu bekommen. Von den Ahnen. Und von allem anderen, was ich einfach nicht verstand. Als ich einmal stehen blieb, um

Atem zu holen, sah ich die hagere Silhouette des Schamanen gegen den Nachthimmel. In der Hand hielt er einen Stock, der Hut saß schief. „Die spirits sind da!", schrie er. „Spürst du sie nicht?" Ich drehte mich um und stieg weiter hinab. So schnell es ging.

„Und, wie war's?", fragte Max, als ich ihn von der Hütte aus anrief. Ich hockte mich vor den noch kalten Kamin, fing an zu erzählen. Und noch während ich mit betont lockerer Stimme vom betrunkenen James und den kichernden Frauen berichtete, merkte ich plötzlich, wie sehr ich Max vermisste. Noch nie hatte ich mich so einsam gefühlt wie in den letzten Tagen. Schon auf den Battlefields war ich mir seltsam atomisiert vorgekommen: Jeder schien genau zu wissen, zu welchem Clan er gehörte. Außer mir. Bisher war ich immer gern the lonesome Cowboy gewesen. Freiheit, Unabhängigkeit, wunderbar. Doch je fremder die Landschaften um mich herum wurde und je rätselhafter die Ereignisse, desto stärker sehnte ich mich plötzlich danach, jemanden an meiner Seite zu haben. Zu wissen, zu wem ich gehörte.

„Du fehlst mir", sagte ich zu Max und spürte, dass meine Stimme ganz zittrig klang. „Du fehlst mir auch", sagte er. „Schrecklich sogar. Ich liebe dich, weißt du das?"

In meinem Hals saß plötzlich ein Kloß so dick wie der Vetkoek aus der Trekkerkombuis. „Ich liebe dich auch", sagte ich schniefend.

Und dann sagte ich noch etwas. Etwas, das ich eigentlich nie im Leben hatte sagen wollen. Und wenn, dann sicher nicht allein vor einem kalten Kamin in den Drakensbergen kauernd, mit einem rauschenden Handy am Ohr und einem faustgroßen Vetkoek im Hals.

„Max", sagte ich. „Wollen wir nicht heiraten?"

Südafrikanisch für Anfänger

Lektion 10: Pflegen Sie die Traditionen!

Testfrage: Eine Führungskraft in einem südafrikanischen Hotel hört die Ahnen rufen. Sie bittet ihren Chef um eine Auszeit für eine Sangoma-Ausbildung. Der lehnt ab: Eine lange Abwesenheit sei in der Position nicht vorgesehen. Die Frau bleibt trotzdem weg, macht die Ausbildung, verliert den Job, zieht vor Gericht. Wie entscheiden die Richter? Antwort (der Fall wurde tatsächlich vor einem Johannesburger Arbeitsgericht verhandelt): Die Frau muss wieder eingestellt werden. Ihre Abwesenheit war gerechtfertigt.

Traditionen genießen am Kap eine Bedeutung, die deutsche Trachtenvereine vor Neid erblassen lassen. Städter geben ihre Karriere auf, um im Heimatdorf Häuptling zu werden. Tausende junger Zulu-Mädchen marschieren ein Mal im Jahr halb nackt vor ihrem König auf, um sich zu ihrer Jungfräulichkeit zu bekennen. Und der Präsident tanzt auf der eigenen Hochzeit im Leopardenfell. Übrigens neben seiner bereits dritten Frau, denn, ja: In Südafrika ist die Vielehe (für Männer) erlaubt. Möglich ist das, weil es neben dem offiziellen Recht auch noch das Stammesrecht gibt. Dem kann sich der Traditionsbewusste zusätzlich unterwerfen. Vor allem auf dem Land tun das viele. Aber nicht nur dort sind die alten Sitten angesehen: 86 Prozent der sonst eher westlich geprägten schwarzen Mittelschicht finden, dass Männer vor der Hochzeit einen Brautpreis zahlen sollten. 75 Prozent halten Ahnenopfer für unabdingbar. Meist funktioniert das Nebeneinander von westlichen Werten und afrikanischen Stammesriten erstaunlich gut. Nur bei zwei Themen fliegen regelmäßig die Fetzen: Bei der Vielehe (der Kritiker vorwerfen, das ohnehin verbreitete Machotum noch zu befördern). Und beim Ukweshwama: Bei dieser Frühjahrszeremonie der Zulus wird ein Bulle mit bloßer Hand getötet, eine Mutprobe, mit der die Krieger einst ihre Kühnheit bewiesen. Weil der Bulle dabei qualvoll stirbt, zogen Tierschützer 2009 sogar vor Gericht. Die Klage wurde abgewiesen. Jetzt soll sich das Parlament damit beschäftigen.

August

„WAAS? DU HAST MAX EINEN HEIRATSANTRAG GEMACHT?"
Cloé stellte ihre Tasse so heftig auf den Tisch, dass der Kakao
überschwappte. „Und? Wie hat er reagiert?"

Wir saßen im Birds Café auf der Bree Street, tranken heiße
Schokolade und sahen der Kapstädter Kreativszene beim Ku-
chenessen zu. In den Bäumen vorm Fenster zwitscherte die
erste Amsel. Im Café schmetterten die „Parlotones". James und
die Geisterwelt der Drakensberge waren ungefähr so weit weg
wie eine Bohrinsel im nördlichen Eismeer.

Zwei Wochen waren seit meiner Rückkehr vergangen. Mir
kamen sie vor wie zwei Monate. So viel war passiert. Erst hatte
ich mich tagelang mit Selbstvorwürfen gemartert. Gar nicht
mal wegen des Antrags. Sondern wegen der deprimierenden
Bilanz meiner Forschungsreise. Herrgott, jetzt lebte ich fast ein
Jahr in diesem Land. Eigentlich musste ich langsam wissen,
wie man sich zwischen Limpopo und Cape Agulhas zu verhalten hatte. Doch kaum war mal ein Hauch interkulturelles Fin-
gerspitzengefühl gefragt, benahm ich mich wie ein sozialer
Vollhorst: Hatte ich ernsthaft erwartet, dass eine Familie, die
ihre Traditionen jahrhundertelang verheimlicht hatte, plötzlich einer für 36 Stunden angereisten Weißen erlauben würde,
an ihren Ritualen teilzunehmen? Abseits aller Urlauberpfade
hatte ich das Leben der San erkunden wollen – und mich
wie eine besonders trampelige Touristin verhalten: Die sicher
nicht selbstverständliche Einladung zur Familienfeier hatte
ich abgelehnt. Dem womöglich nur aus Gastfreundschaft voll-
zogenen Ritual mit sichtbarer Skepsis beigewohnt. Und den
Park danach fluchtartig verlassen. Wie konnte ich dieses Fias-
ko in Sachen Völkerverständigung nur wieder gutmachen?

Nachdem ich eine Woche lang Asche auf mein Haupt gestreut hatte, beschloss ich, meine Rolle wenigstens konsequent zu Ende zu spielen. Wenn schon Mlungu, dann richtig. Ich schickte James ein zweites Guthaben für sein Handy. Diesmal über 110 Rand. Danach fühlte ich mich etwas besser.

Es wurde auch Zeit. Denn ich brauchte dringend einen freien Kopf für das andere Thema, das mich seit meiner Rückkehr beschäftigte: die Hochzeit. Was ich an jenem Abend in der Hütte selbst kaum erwartet hatte, war nämlich tatsächlich passiert: Max hatte „ja" gesagt. Unter einer Bedingung: „Wenn wir heiraten, dann hier, in Südafrika. Am Strand, nur wir zwei. Familien und Freunde informieren wir erst, wenn wir zurück in Deutschland sind. Das ist Romantik!"

Ich ahnte zwar dunkel, dass sich Max' doch sehr konkrete Vorstellungen nicht gänzlich würden umsetzen lassen. Von seiner Begeisterung ließ ich mich trotzdem anstecken: Hurra, wir würden heiraten! Und zwar – huch! – schon innerhalb der nächsten zehn Wochen. Denn Anfang Oktober ging es ja bereits zurück nach Europa. Ein straffer Zeitplan. Doch ich war erstaunlich entspannt.

Etwas anderes war nämlich noch passiert: Mein Schwimmbadtraum war verschwunden. Obwohl ich weder mein Jobproblem gelöst noch einen konkreten Plan hatte, wie es in Deutschland weitergehen sollte. Und ich vermutete, dass der Heiratsantrag dabei eine nicht unwesentliche Rolle spielte. Als ich nämlich an jenem Abend so aufgelöst in der Hütte gesessen hatte, war mir eines klar geworden: Meine ewige Suche nach dem besten Startblock würde auf Dauer nervenzerreibender sein als alles, was mich im Wasser je erwarten konnte. Wenn ich nicht ewig am Beckenrand hin- und herlaufen wollte, musste einfach mal springen. Von welchem Block aus, war völlig egal. In jedem Fall würde das Wasser erst mal kalt sein. Doch irgendwann würde mir warm werden, ich würde meine Bahn finden, mein Tempo. Ich würde nicht untergehen.

Der Antrag war für mich eine Art Feuerprobe gewesen: Was würde passieren, wenn ich mich just in die Ecke des Beckens werfen würde, vor der es mir am meisten gruselte? Seit ich denken konnte, hatte der Gedanke ans Heiraten bei mir für Beklemmungsgefühle gesorgt. Jetzt, wo ich selbst den Schritt getan hatte, verspürte ich plötzlich genau das, was ich befürchtet hatte zu verlieren: Freiheit. Nämlich die vom ständigen Noch-was-Besseres-Suchen. Und Erleichterung, mich endlich entschieden zu haben. Für Max.

„Mais c'est génial!", rief Cloé, als ich ihr von Max' Reaktion berichtete. „Herzlichen Glückwunsch! François und ich waren in den letzten Monaten schon bei so großartigen Hochzeiten: am Strand von Laangebaan, in den Cedarbergen ... Wo wollt ihr euch denn trauen lassen? Am Strand ist es jetzt ja sicher zu stürmisch ..."

Tatsächlich hatten wir den Traum von der Strandhochzeit schnell aufgegeben. Einmal wegen des Herbstwetters. Doch auch, weil man Trauungsdokumente in Südafrika nur in einem Regierungsgebäude, einer Kirche oder einer Privatwohnung unterzeichnen durfte. Eine Trauung in paradiesischer Abgeschiedenheit, wie wir es geplant hatten, würde da reichlich kompliziert. Ich kratze mich hinterm Ohr. „Also, wenn du so direkt fragst ... Eigentlich wissen wir noch nicht, wo alles stattfinden soll. Es soll ja auch nur eine kleine Zeremonie werden. Nur wir zwei und der Standesbeamte. Und die Trauzeugen natürlich ..." Ich räusperte mich: „Hättet du und François denn Lust, diesen Part zu übernehmen?" – „Den der Trauzeugen?" Cloé strahlte mich an wie ein Scheinwerfer des Cape Town Stadiums. „Na klar! Welche Ehre!" Sie umarmte mich und trommelte begeistert auf meinen Rücken. „Wann ist der große Tag?"

Damit hatte sie den zweiten wunden Punkt getroffen. August und September zählten zwar nicht zur klassischen Wedding Season am Kap. Trotzdem hatte sich die Suche nach einem Termin bisher als unerwartet schwierig erwiesen. „Wir suchen noch", seufzte ich. „Das Home Affairs Office von Kapstadt ist leider bis Oktober ausgebucht. Wir versuchen es jetzt in der Umgebung." – „Ach, weißt du ...", Cloé tätschelte meinen Arm. „An solchen Problemchen wird das Ganze schon nicht scheitern. Das Wichtigste ist doch, ihr zwei seid euch einig. Nicht wahr? Und wenn du jemanden brauchst, der mit dir das Brautkleid aussucht, dann sag mir Bescheid, ja? Ich liiiebe so was!"

Natürlich gelobte ich ihr, ab sofort kein hochzeitsrelevantes Stück Stoff mehr ohne sie zu kaufen. Insgeheim hatte ich jedoch längst beschlossen, den Tag ganz leger in einem meiner Sommerkleider zu verbringen. Die Roben in Kapstadts Brautmodenpalast Mayers hatten mich nämlich schon im Sommer fürchterlich eingeschüchtert. Damals hatte ich den Traditionsladen in der Darlingstreet versehentlich für eine Mall gehalten. Doch dann stapelten sich in dem hallenartigen Bau plötzlich Rollen mit feinsten Stoffen. Meterlange Brautschleier fluteten mir von den Körpern altmodischer Schneiderpuppen entgegen. Und eine Armada teuer duftender Verkäuferinnen war sofort auf mich zugestürzt, um mich zu beraten.

Nein, ins Mayers würde mich nicht mal die resolute Cloé schleifen. Doch die Garderobe war momentan sowieso zweitrangig. Was wir zuerst organisieren mussten, war der Termin beim Standesamt. Und so fuhren Max und ich schon am nächsten Tag an jenen Ort, über den selbst unter den härtesten Freiheitskampfveteranen die gruseligsten Geschichten kursierten: das Department of Home Affairs. Würden wir, wie angeblich schon so viele, mit gebrochenem Willen und um Jahre gealtert aus dem Bauch der Behörde wanken?

Wir gingen die Sache so optimistisch wie möglich an. „Am besten wir fahren überall vorbei, wo es noch Termine gibt, und suchen uns das schönste Office aus", hatte Max gesagt. „Wenn der Strand schon nicht klappt, soll wenigstens das Standesamt besonders sein."

Der Ausflug wurde eine große Enttäuschung. Das Office von Wynberg fanden wir erst mal gar nicht. In Belleville hätten wir uns das Jawort in einem Einkaufszentrum zwischen Wettbüro und Computerladen gegeben. In Paarl befand sich die Behörde an der örtlichen Ausfallstraße neben einem Früchtegroßhandel.

„Ach, Menno!", nölte Max und setzte sich auf den Bordstein. „Wir heiraten doch nur ein Mal! Und dann sehen die Ämter alle aus wie öffentliche Klos ..." – „Wie wär's denn, wenn wir zum Ausgleich nach der Trauung einfach wahnsinnig romantisch essen gehen?", schlug ich vor. „Es gibt hier doch so viele tolle Restaurants, die wir schon immer ausprobieren wollten. Das wäre doch eine gute Gelegenheit ..."

Max stierte noch eine Weile auf den trostlosen Backsteinbau vor uns. Dann sah er mich an und seufzte. „Uns bleibt ja wohl nichts anderes übrig, oder? Dann lass uns den Termin aber gleich hier ausmachen. Ich will das jetzt hinter mich bringen."

Fast schien es, als wolle sich die Paarl'sche Bürokratie nach dieser schweren Entscheidung mit besonders fixem Service bedanken. Schon nach zwanzig Minuten wurden wir zum für Marriage Certificates zuständigen Schalter vorgelassen. Wir erklärten der Beamtin, einer Coloured mit tellergroßen Kreolen, unser Anliegen, und sie blätterte gnädig in einem Kalender. „Am 28. September wär' noch was frei. Um 15 Uhr ..." – „Aber das ist ja mitten in der Woche!" Die Kreolenfrau starrte uns gelangweilt an: „Wir trauen nur dienstags und donnerstags." Max und ich wechselten einen Blick. „Na gut." Die Beamtin kritzelte das Datum auf einen speckigen Papierstreifen und schob ihn über den Schalter. „Marriages" stand darauf, darunter der Trautermin und was man mitbringen musste: zwei Zeugen mit Pässen oder ID-Books. Natürlich die eigenen Päs-

se. Und – im Fall einer Scheidung beziehungsweise des To-
desfalls des früheren Partners – die Scheidungs- oder Todes-
urkunde.

„Na, das ging ja flott", sagte Max, als wir mit dem wichtigsten Papierschnipsel zurück nach Kapstadt fuhren. „Die wollte noch nicht mal unsere Geburtsurkunden. Endlich ist hier
mal was unkomplizierter als in Deutschland." Er trommelte un-
ternehmungslustig auf das Lenkrad. „Wollen wir gleich noch
die Ringe besorgen?"

Wer in Kapstadt für guten Schmuck kein Vermögen ausge-
ben will, geht in die St. George Mall Road in der Innenstadt.
Hier an- oder verkauft jedes zweite Geschäft Gold, Silber und
Diamanten. Und wer geschickt verhandelt, kann die einzelnen
Juweliere sogar mit ihren Preisen gegeneinander ausspielen.
Wir steuerten den erstbesten Laden an und entschieden uns
rasch: zwei schlichte Ringe aus Weißgold. Gerade wollten wir
die Debitcard zücken, da nahm uns die Verkäuferin, ein junge
Weiße mit osteuropäischem Akzent, zur Seite. „Sie sind doch
Deutsche, oder?", raunte sie in gebrochenem Deutsch. „Interes-
se an einem günstigeren Preis?" Wir nickten. Die Frau notier-
te eine Adresse auf unseren Kostenvoranschlag. „Das ist eine
Freundin von mir. Ihr Atelier liegt nur zwei Häuser weiter.
Sagen Sie ihr schöne Grüße. Sie macht Ihnen die Ringe für
den halben Preis." Sie zwinkerte uns zu. „Wir Europäer müssen doch zusammenhalten, was?"

Und so schmiedete uns eine nach Kapstadt emigrierte
Danzigerin auf Empfehlung einer Tschechin zwei Ringe aus
südafrikanischem Gold, die wir uns schon bald in Gegenwart
einer Belgierin und eines französisch-stämmigen Südafrikaners über die Finger streifen würden. Zum globalen Hoch-
zeitsglück fehlte jetzt nur noch ein passender kulinarischer
Höhepunkt. Wir entschieden uns für ein britisch-südafrikani-
sches Doppel: Nach der Trauung würden wir uns beim High
Tea im ehrwürdigen Mount Nelson Hotel mit Darjeeling und

Scones stärken. Abends war dann ein Dinner mit Fynbos-Spezialitäten im Twelve Apostels geplant. Der Abschied von Südafrika würde nach dieser Henkersmahlzeit natürlich besonders schmerzen. Doch was soll's. Wer schlemmen will, muss auch mal leiden.

Zumal dieser Tag ja auch noch in weiter Ferne lag. Bevor wir am ersten Oktoberwochenende den Flieger nach Deutschland besteigen würden, hatte ich noch einiges vor. Unter anderem wollte ich ein letztes Mal nach Johannesburg. Xoli, die junge Unternehmensberaterin, die ich im Mai im Flugzeug kennengelernt hatte, hatte mich gefragt, ob ich sie aufs „Joy of Jazz Festival" begleiten wolle. Ein Kunde habe ihr Karten geschenkt. Ihre Freundinnen hätten aber alle schon was vor.

Ich sagte sofort zu. Den Abend würde ich gut mit einem anderen Termin verbinden können, auf den ich mich schon lange freute: ein Besuch im Kwa Thabeng in Soweto. Die Kneipe war bekannt für ihre Diskussionsabende: Ein mehrheitlich schwarzes Publikum aus Autoren, Anwälten und Lehrern tauschte sich dort regelmäßig über Mandela, Obama und die eigene Rolle im neuen Südafrika aus. Außerdem war der Kneipenbesitzer, ein ehemaliger Dozent für afrikanische Sprachen, ein begeisterter Förderer seines Heimatorts. Aus dem einst düstersten Township Südafrikas wollte Dumisani Ntshangase das machen, was die ehemalige Minenarbeitersiedlung für ihn schon immer gewesen war: ein vor Ideen vibrierender Ort, in dem man trotz aller Probleme gut leben und sogar als Tourist Spannendes erleben konnte. Mit Gleichgesinnten hatte er deshalb vor zehn Jahren die Soweto Tourism Association gegründet und kurz darauf den ersten Coffeeshop Sowetos eröffnet. Aus dem Café war mittlerweile das Kwa Thabeng geworden, dessen Gäste sogar aus Joburg anreisten. Für mich war das Kwa Thabeng und seine Geschichte ein tolles Beispiel für den Wandel Sowetos vom am Reißbrett entworfenen Zwangsghetto zum neuen Hot Spot Südafrikas.

Diesmal, so hatte ich mir geschworen, würde ich auf die Hilfe der Johannesburger Taxifahrer verzichten. Wozu gab es GPS? Solange ich in Johannesburg unterwegs war, klappte auch alles prima. Über fünfspurige Autobahnen und fußball-feldgroße Straßenkreuzungen lotste mich das Navi souverän zu meiner Unterkunft in Melville. Bald hupte ich genauso engagiert wie alle anderen, wechselte die Spur rasant wie ein Minibus-Fahrer und fühlte mich zwischen den BMWs der Black Diamonds und den Bakkies der weißen Farmer aus dem Umland wie eine echte Johannesburgerin. Erst als ich versuchte, das Navi auf die Adresse von Dumisanis Kneipe zu programmieren, holte mich die Realität in schmerzhafter Deutlichkeit ein: 9138 Nonqawe Street, Pimville? Gab's nicht. Überhaupt schien Soweto auf der GPS-Landkarte noch immer ein weißer Fleck zu sein. Offensichtlich war der Hersteller überzeugt, wer vorhabe, Südafrikas größtes Township auf ei-gene Faust zu besuchen, müsse dort entweder Freunde oder Verwandte haben. Womit er indirekt Recht hatte. „Vergiss das Navi", sagte Dumisani, als ich ihn anrief. „Fahr' einfach nach Pimville und frag nach Dumisani's Place. Soweto ist wie eine Familie. Uns kennt hier jeder."

Und so begab ich mich ins Häusermeer am Fuße der Orlando Towers. Soweto – das war Elendsslum und Rebellen-wiege, staubbedeckter Hexenkessel und Heimat für zwei bis sechs Millionen Menschen, die genaue Einwohnerzahl konnte mir keiner sagen. Fest stand nur: An einem Samstag wie die-sem waren es sicher ein paar Hunderttausend mehr. Denn da kehrten die arrivierten Township-Sprösslinge aus ihren Villen in Sandton und Rosebank zurück zu Muttern. Mit blitzenden Limousinen cruisten sie die Straßen auf und ab, in der gläser-nen Maponya Mall gingen sie shoppen, im News Café ließ man es bei Hip-Hop krachen. Und irgendwo gab es immer eine Hochzeit, eine Geburtstagsparty oder einen Leichenschmaus, der mit einer deutschen Beerdigung natürlich nicht zu vergleichen war: Wenn einer starb, dann wurde getanzt, gesungen und gezecht, dass sich die Bänke bogen. Und nicht nur die Familie kam, sondern das ganze Viertel.

Nicht nur wegen dieser feierfreudigen Jeunesse dorée, die zusammen mit mir an diesem Vormittag die Straßen flutete, merkte ich bald: Soweto spielte in einer völlig anderen Liga als Kayelitsha, ihr Kapstädter Pendant. Von wegen Township. Das hier war eine Miniaturversion des modernen schwarzen Südafrikas in seiner ganzen Gegensätzlichkeit. Es gab breite, von Villen gesäumte Straßen – und Wellblech-Baracken ohne Strom und Wasser. Es gab Malls mit Designerboutiquen – und hölzerne Metzgerverschläge, vor denen von Fliegen umschwärmte Kadaver hingen. Es gab schicke Ausgehviertel – und von Tsotsies beherrschte No-go-Areas. Und mit dem Hector Pieterson Memorial und den von Besuchern umlagerten Wohnhäusern von Nelson Mandela und Desmond Tutu gab es sogar ein richtiges touristisches Zentrum.

Bevor ich Dumisani treffen würde, hatte ich eine Radtour gebucht. Das hatte mir Dumisani geraten. Township-Touren hatte ich eigentlich bisher gemieden. Ich wollte mich nicht fühlen wie ein Zoobesucher, der die Township-Bewohner wie Tiere knipste und dem ein fünfminütiger Bummel durch eine Souvenirwerkstatt dann als „real Township experience" verkauft wurde. Die Soweto Bicycle Tour war zum Glück anders. Vier Stunden radelte ich durch Orlando West und ließ mir von Solomon, einem fußballverrückten Jurastudenten, den Alltag in einem der ältesten Teile Sowetos zeigen. Wir besuchten das Mzimhlope Hostel, in dessen Baracken während der Apartheid die Wanderarbeiter untergebracht waren und wo die Menschen noch heute ohne fließend Wasser hausten. Wir übten mit Passanten Fanagalo, den aus Englisch, Zulu und Afrikaans gemixten Minenarbeiterslang. Wir probierten an einem Braai-Platz Pap and Vleis, Maisbrei und Fleisch, und in einer Taverne selbstgebrautes Sorghum-Bier. Und natürlich radelten wir

auch über die Moema Street, wo am 16. Juni 1976 der zwölf-
jährige Hector Pieterson bei Schülerprotesten von der Polizei
erschossen worden war. Sein Tod hatte damals die Soweto-
Unruhen ausgelöst, das Foto seines blutüberströmten Körpers
der Welt die Augen geöffnet über die Brutalität des Apartheid-
Staats. Anfang der 1990er hatte man ihm zu Ehren ein Mahnmal errichtet. Heute gab es sogar ein Museum samt histori-
schem Pfad, der zu den Wohnhäusern von Nelson Mandela
und Desmond Tutu in der Vilakazi Street führte. Im Vergleich
zu den mit griechischen Statuen verzierten Palästen, die wir
nur wenige Straßen vom Mzimhlope Hostel entfernt passiert
hatten, wirkten die Villen der beiden Friedensnobelpreisträger
richtig bescheiden.

„Wow, das war toll!", schwärmte ich, als ich etwas später auf
der Terrasse des Kwa Thabeng saß, die Dächer Sowetos unter
mir. Es war noch ruhig, erst am späten Nachmittag hatte sich
eine Beerdigungsgesellschaft angekündigt. Dumisani, ein ket-
tenrauchender Herr mit grauem Ziegenbart, freute sich sicht-
lich, dass mir die Tour gefallen hatte. „Du hättest mal vor zehn
Jahren kommen sollen. Da gab es hier höchstens fünfzehn
Firmen, die mit Tourismus ihr Geld verdienten. Heute sind
es 150!"

„Stimmt es denn, dass sich weiße Südafrikaner trotzdem
noch kaum hierher trauen?" Dumisani grinste. „Bis vor Kurzem hätte ich sofort ja gesagt. Die hatten einfach Schiss. Wenn
du hier Weiße gesehen hast, dann waren das Amis oder Europäer. Doch seit dem 22. Mai 2010 ist das anders. Da haben
im Orlando Stadium nämlich die Blue Bulls gespielt, du weißt
schon: das berühmte Rugbyteam aus Pretoria. Das erste Rugby-
spiel in Soweto! Tausende von Weißen haben einen Kasten
Bier auf ihren Bakkie gepackt und sind zum ersten Mal in
ihrem Leben hierher gefahren. Es war eine Riesenparty. Die
Zeitungen waren voll davon. Seither haben die Whiteys ihre
Scheu ein bisschen verloren. Es wurde auch Zeit. Soweto ist

längst nicht mehr so gefährlich wie vor ein paar Jahren. Immer mehr Leute aus der Mittelschicht ziehen hierher. Die achten sehr genau darauf, dass ihr Viertel nicht verwahrlost. Diese Leute sind die Zukunft Sowetos. Für sie veranstalte ich auch meine Gesprächsrunden. Shebeens, die Township-Kneipen, waren ja schon immer Orte, an denen viel diskutiert und gestritten wurde. Das möchte ich wiederbeleben. Wir machen doch gerade eine ähnliche Entwicklung durch wie die schwarzen Amerikaner in den 1960ern. Wir fragen uns, wer wir sind. Kann man schwarz sein und trotzdem bürgerlich? Gibt es schwarzen Rassismus?"

Ich hatte Dumisani mit wachsender Begeisterung zugehört: Da war sie ja wieder, die südafrikanische Selbstsuche! „Glaubst du denn", fragte ich, „dass ihr euch irgendwann auch mal als Ganzes sehen könnt, nicht immer nur als Schwarze, Weiße oder Coloureds?"

Dumisani drehte sich erst mal eine Zigarette und nahm ein paar Züge. Dann lächelte er spöttisch. „Ich finde das Gerede über Hautfarben ja total aufgesetzt. Klar, zurzeit ist das für viele noch ein Kriterium, über das man sich definiert. Das liegt aber an der Apartheid. Die hat uns das aufgezwungen. Ein Löwe aus Namibia sagt zu einem Löwen aus Simbabwe ja auch nicht: Du bist anders. Nein: Wir sind alle Löwen. Und wie der Löwe andere Löwen braucht, um zu überleben, braucht auch der Mensch andere Menschen. Nur durch die anderen sind wir, was wir sind. Zulus und Xhosas nennen das Ubuntu: Alle Menschen sind Teil einer Familie. Wer so denkt, dem sollten Hautfarben egal sein."

„Aber gibt es denn gar nichts, was du an Weißen komisch oder anders findest?" Dumisani schwieg eine Weile und blickte auf das mittägliche Soweto. Dann lachte er: „Klar, da gibt's schon was … Zum Beispiel habe ich mich schon als kleiner Junge gefragt, warum Weiße sich immer in der Öffentlichkeit küssen müssen. Ständig sieht man das! Schwarze tun das nie!"

Er sah mich an und grinste. „Aber sag' selbst: Hat das wirklich mit der Hautfarbe zu tun?"

Xoli trug noch ihr volles Business-Outfit, als sie um viertel nach acht am Market Theatre ankam. „Entschuldige!", keuchte sie und stopfte ihr Smartphone in die Handtasche. „Im Büro war so viel zu tun. Hoffentlich hat das Konzert noch nicht angefangen! Lass uns gleich zum Festzelt gehen, da gibt's einen Hotdog-Stand. Ich hab' so einen Hunger!"

Das „Joy of Jazz Festival" fand auf dem Mary Fitzgerald Square statt, der Platz, auf dem ich vor drei Monaten so verzweifelt ein Taxi gesucht hatte. Ich erkannte ihn kaum wieder. Auf der einst verwaisten Fläche drängten sich nun die Menschen. Aus weißen Zelten dröhnten Trommeln, Saxophone, Gesang. Die ganze Stadt schien auf den Beinen. Wir kauften uns zwei Hot Dogs und schlüpften ins Zelt. Sipho Mabuse, ein massiger Mann mit Brille betrat gerade die Bühne.

„Der Typ ist eine Legende", flüsterte Xoli mir aufgeregt zu. „Seine Gruppe war die erste nicht-weiße Band, die in den 1980ern im Colosseum auftreten durfte. Meine Eltern waren totale Fans. Eine Viertelstunde, dann kocht das Zelt – wetten?" Mabuse spielte eine federnde Mischung aus Soul, Funk und Pop, und tatsächlich begann das Publikum schon nach wenigen Minuten zu klatschen und zu wippen. Xoli hängte ihre Anzugjacke über einen Stuhl und drängte in die Menge. Ich folgte ihr.

Der Platz vor der Bühne füllte sich rasch. Aus einzelnen Menschen wurde nach und nach ein vielköpfiges Wesen, das Mähnen und kahle Schädel schüttelte, die Arme schwang und mit gebeugten Knien Hüften und Hintern kreisen ließ. Immer schneller bewegte es sich, immer größer wurde es. Als Sipho Mabuse und seine Band nach zwei Stunden Konzert die Bühne verließen, brachte der Jubel die vom Schweiß feuchten Zeltplanen zum Beben.

„Hach, war das herrlich!", sagte Xoli, als wir danach an der

Bar des Market Theater ein Glas Wein tranken. „Meine Freundinnen werden rasen vor Neid, wenn ich ihnen das erzähle!" – „Wieso sind sie denn nicht gekommen?" – „Ach!", machte Xoli verächtlich. „Weil die Mädels nur noch ausgehen, um reiche Typen kennenzulernen. Das sind die schlimmsten Golddigger, die du dir vorstellen kannst! Du weißt, was das heißt, oder? Frauen, die nur darauf aus sind, einen möglichst reichen Typen abzukriegen. Seit es immer mehr schwarze Millionäre gibt, ist das hier das große Ding. Unter einer Million Rand Jahresgage brauchst du meinen Freundinnen gar nicht vor die High Heels zu laufen. Dabei verdienen sie selbst nicht schlecht. Aber auf Augenhöhe zu daten, nee, das käme für die überhaupt nicht in Frage. Und natürlich hat gerade heute in Sandton eine neue Bar aufgemacht. Alle hohen ANC-Tiere stehen auf der Gästeliste. War ja klar, wofür sich die Damen entscheiden. Ein Jazzkonzert wäre bei so vielen fat cats auf einem Haufen pure Zeitverschwendung ..."

„Und du? Stehst du auch auf Geschenke von reichen Typen?" Xoli lachte laut. „Säße ich dann hier? Nein, ich habe meine Erfahrungen gemacht. Ich hatte mal eine Affäre mit meinem Chef. Der war verheiratet. Großes Drama. Riesenszene. Jobwechsel. Das tu ich mir nicht noch mal an. Nee, ich warte auf die große Liebe. Obwohl: Viel weniger als ich sollte der auch nicht verdienen. Männliche Golddigger gibt's ja neuerdings auch. Dazwischen bleibt leider nicht so viel übrig ..." Sie rückte etwas näher. „Und wie ist es bei dir? Welcher Typ macht dir grad das Leben schwer?"

Ich zögerte kurz. Von der Hochzeit zu berichten erschien mir jetzt eher unangebracht. Ich murmelte etwas von einem deutschen Boyfriend, mit dem ich ganz gut auskäme. „Na!", rief Xoli und grinste. „Dann pass bloß auf, dass er sich hier nicht in eine black beauty verguckt. Meine Mädels behaupten ja, Deutsche daten besonders gern schwarze Südafrikanerinnen. Stimmt das?" Ich zuckte etwas ratlos mit den Schultern.

„Keine Ahnung. Ehrlich gesagt, ich kenne nur einen Italiener, der ..." – „Einen Italiener?", Xoli hob neugierig die Brauen. „Erzähl!"

Es wurde noch ein langer Abend. Und ich schwitzte Blut und Wasser, als ich gegen Mitternacht mit vermutlich weit mehr als den erlaubten 0,5 Promille im Blut zurück nach Melville fuhr. Doch ich hatte Glück, kein road block versperrte mir den Weg. Zum moralischen Ausgleich stand ich am nächsten Morgen extra früh auf. Als Dumisani von Ubuntu gesprochen hatte, der afrikanischen Vorstellung von der Verbundenheit aller Menschen, war mir nämlich etwas eingefallen. Just hier, im rassenverrückten Südafrika, gab es einen Ort, der diese allumfassende menschliche Verwandtschaft wie kein anderer symbolisierte: die Cradle of Humankind, Wiege der Menschheit, ein von Kalksteinhöhlen durchzogenes Areal, fünfzig Kilometer nordwestlich von Johannesburg. In den Höhlen hatte man einige der wichtigsten Fossilien von Frühmenschen gefunden, also: von den Urahnen aller heutigen Menschen. Bevor ich am Abend zurück nach Kapstadt flog, wollte ich mir das ansehen.

Es wurde ein ebenso beklemmender wie beglückender Tag. Erst ging es tief unter die Erde, mit einem Führer stieg ich in die Sterkfontein Caves hinab. In den düsteren Grotten hatten nicht nur diverse Forscher ihr Leben lassen müssen. Überall stieß man auch auf die Skelette von Frühmenschen und Tieren, die vor Millionen Jahren in die Höhlen gestürzt und gestorben waren. Die berühmteste Tote war eine Homiden-Frau mit dem Spitznamen Mrs. Ples, deren Schädel man 1947 fast vollständig erhalten gefunden hatte. Vor zwei Millionen Jahren war sie hier verunglückt. Zu einer Zeit also, als in Europa gerade mal Säbelzahntiger lebten. Auch wenn ich in der Schule irgendwann gelernt hatte, dass uns Afrika bei der Entwicklung des Menschen um eine Million Jahre voraus war: Vor Ort sorgte das bei mir doch für Gänsehaut.

Das war aber noch nicht alles. In der Nähe der Sterkfontein Caves gab es auch ein Museum, in dem man die Entstehung des Menschen in einer Tour aus Wildwasserfahrten und interaktiven Schautafeln nacherleben konnte. Die Ausstellung war vor allem für Kinder gemacht, inmitten kreischender Schülergruppen versuchte ich, Stroboskopgewitter und Rätselspiele einigermaßen würdevoll zu überstehen.

Bis wir zum Schluss eine Halle betraten. Dort lärmte es ohrenbetäubend: Schüsse, Kreischen, Polizeisirenen – der ganze brutale Sound, zu dem der Mensch so fähig ist. An einer Spiegelwand blickte man dazu sich selbst in die Augen: Mensch, Krone der Schöpfung und ihr schlimmster Zerstörer. Selbst die Kinder wurden hier plötzlich ganz still.

Doch da war auch diese Tür. Sie war aus Glas, und sie führte ins Freie, auf die Hügel des Highvelds, die sich wie ein ruhiges Meer bis zum Horizont wellten. Und wer die Tür öffnete und in die friedliche Stille trat, der musste automatisch die Frage lesen, die über der Klinke eingraviert war:

„What is your future?" – Was ist deine Zukunft?

Ich war nicht die Einzige, die danach lange gedankenversunken in die Ferne blickte.

Südafrikanisch für Anfänger

Lektion 11: Heiraten Sie wie ein Zulu!

Keine Sorge, nicht alle Zulu-Bräuche sind so martialisch wie das Bullentöten. Friedlich und trotzdem ausgelassen geht es bei den traditionellen Hochzeiten zu – ein Ereignis, das Sie sich im Falle einer Einladung auf keinen Fall entgehen lassen sollten. Wie in Deutschland isst, trinkt und tanzt man natürlich bis zum Umfallen. Vor allem aber ist eine Zulu-Hochzeit ein hochritualisiertes Unterfangen. Das fängt schon im Vorfeld an: Da muss der Bräutigam seinen Schwiegereltern nämlich den Brautpreis, die Lobola, zahlen. Wochenlang und über Unterhändler wird der Wert ausklamüsert, auf dem Land wird meist in Rindern, in der Stadt bar gezahlt. Was für westliche Ohren nach würdelosem Geschacher klingt, sehen viele Zulu-Bräute als völlig korrekte Entschädigung für das Geld, das ihre Eltern in ihre Ausbildung investiert haben. Klagen hört man eher von den Männern. Die müssen nämlich ganz schön malochen, bis sie die üblichen elf Rinder zusammengespart haben. Immer wieder liest man deshalb in der Zeitung, dass ein verzweifelter Bräutigam versucht hat, eine Bank auszurauben oder den Schwiegereltern Falschgeld anzudrehen. Haben sich beide Seiten geeinigt, findet die Hochzeit zuerst in der Kirche statt, gern in Weiß. Später wirft man sich in Fellschurze und zieht auf den Hof des Bräutigams. Dort wird eine Kuh geschlachtet – als Zeichen, dass die Braut in den Clan aufgenommen ist. Und dann kommt der Teil, auf den sich selbst die steifsten Städter die ganze Zeit freuen: Man lässt den Zulu in sich raus – mit Stockkämpfen, Schilderrütteln und wilden Tänzen. Energie spenden Eimer voller Fleisch, Pap und Bier. Selbst hungrig geworden? Lektion 12.

September

AM TAG DER HOCHZEIT STAND ICH UM SECHS AUF und lief auf die Promenade. Es war das letzte Mal. Morgen um die Zeit wollten wir schon im Flieger nach Durban sitzen. Von dort sollte es im Mietwagen über die Wild Coast und ein Tierreservat nach Johannesburg gehen. Da würden wir noch einmal ein Flugzeug besteigen – zurück nach Deutschland.

Vor mir lag das Meer wie ein grauer Spiegel. Der Himmel darüber glomm bläulich. In einer Stunde würde hier schon die Sonne auf den Asphalt brennen. Sie würde die Jogger von Camps Bay aus ihren Kingsize-Betten locken und die Obdachlosen von Sea Point aus den Papphütten am Strand. Dann würden die Rentner mit ihren Walkingstöcken aufmarschieren, und mit ihnen vermutlich auch der Rastaman, der den Müll jeden Morgen nach Essbarem durchwühlte. Um acht käme dann das Dienstmädchen aus Bantry Bay herüber, mit den zwei Golden Retrievers ihrer Herrschaften an der Leine, die vermutlich mehr gekostet hatten, als sie selbst in einem halben Jahr verdiente.

An die Gegensätze der Promenade hatte ich mich noch immer nicht so recht gewöhnt.

Ich lief los, den Blick aufs Meer gerichtet. Bis vor Kurzem hatten Max und ich hier noch öfters eine Walkuh und ihr Kalb beobachtet. Wie Felsen waren die Rücken aus dem Wasser aufgetaucht und meist gleich wieder verschwunden. Manchmal sahen wir auch die Schwanzflosse der Mutter, ein surfbrettgroßer Fleischlappen, der sekundenlang hin- und herwippte, um dann mit einem gewaltigen Platsch zurück ins Meer zu fallen. Eigentlich lag der „best land based whale whatching spot in the world" ja 130 Kilometer weiter östlich, in der Wal-

174

ker Bucht. Jedes Jahr zwischen August und Oktober, wenn die Grauwale hier ihre Kälber zur Welt brachten und zu Jungtieren päppelten, die die Reise zurück in die Antarktis überleben würden, stürmten Touristen und Einheimische den Fischerort Hermanus, platzierten sich mit Feldstechern auf den Klippen und sahen den Walen beim Plantschen zu. Seit dem Fangverbot von 1976 war die Population wieder auf gut zweitausend Tiere gewachsen, die Wale gehörten zu den wichtigsten Attraktionen der Küste. Sogar ein Festival hatte man ihnen gewidmet. Doch die Mutter-Kind-Gymnastik vor unserem Wohnzimmer war natürlich viel intimer. Max und ich hatten beschlossen, dieses Wunder als ganz persönliches Abschiedsgeschenk zu interpretieren. Sah es nicht so aus, als wolle uns die Waldame Lebewohl winken?

Als ich den Spielplatz hinter dem Schwimmbad erreichte, färbte sich der Himmel über dem Signal Hill schon rosa. Im Herbst, als ich hier jeden Morgen gejoggt war, war es oft noch finster gewesen. „Das ist viel zu gefährlich!", hatte Venetia immer geschimpft. Und ich hatte gelacht. Doch seit uns vor fünf Monaten der Toyota geklaut worden und nie wieder aufgetaucht war, war meine Sorglosigkeit weg. Vorm Schlafengehen prüfte ich jetzt zweimal das Haustürschloss. Parkte nur noch auf bewachten Parkplätzen. Joggte ausschließlich tagsüber. „Was ist denn mit dir los?", wunderte sich ein deutscher Kollege, mit dem ich kürzlich in Lesotho recherchiert und selbst dort das Auto stur von innen verriegelt hatte. „Du bist ja total paranoid geworden!" Stimmt, hatte ich da überrascht gedacht: Hatte ich vor einem Jahr noch über die Villen-Festungen von Bantry-Bay gelächelt, konnte ich nun das Gefühl von Verletzlichkeit und Bedrohung nachempfinden. Ich war südafrikanischer geworden als gedacht.

Kurz vor dem Leuchtturm von Mouille Point sprenkelten bunte Knospen die Wiese, vom Land blies ein warmer Wind. Frühling, eindeutig. Eigentlich hatte ich mich davor immer ein wenig gefürchtet. Denn Frühlingsbeginn bedeutete für Max und mich ja vor allem eins: das Ende unseres Jahres am Kap. Was würde uns in Deutschland erwarten? Klar, das Wiedersehen mit Familie und Freunden. Aber auch: Regen und Dunkelheit. Und für mich persönlich die Suche nach einem neuen Job. Na toll.

In der letzten Woche war allerdings etwas passiert, was mich die Rückkehr nicht mehr ganz so düster sehen ließ. Meine Ex-Kollegin Anja und ich hatten begonnen, mit zwei anderen Journalisten ein gemeinsames Büro zu planen. Mit vereinten Kräften wollten wir Projekte in Angriff nehmen, die uns schon lange auf den Nägeln brannten. Noch stand in den Sternen, ob alles klappen würde. Doch das Wasser, in das ich springen musste, schien nicht mehr ganz so bedrohlich. Ich würde ja nicht mehr alleine springen.

Am Leuchtturm lehnte ich mich über die Brüstung und japste nach Luft. Der gestrige Tag saß mir doch ärger in den Knochen als gedacht. Max und ich hatten nicht nur bis spät in die Nacht mit Matteo und seiner neuen Freundin (schwarz, 21, Model, was sonst?) auf der Long Street gefeiert. Mit Cloé hatte ich außerdem den ganzen Nachmittag gekocht – und gegessen. Als Entschädigung für unseren einst geplanten Afrikaans-Kurs, der wegen Teilnehmermangel nie zustande gekommen war, hatte Cloé mir nämlich einen Kochkurs geschenkt: Die Besitzerin des Noon Gun Tearoom auf dem Signal Hill sollte uns in die Geheimnisse der Cape Malay Küche einweihen. Sie hätte kein besseres Geschenk aussuchen können. Seit ich beim Coon Carnival mein erstes Curry gekostet hatte, hatte ich mir gewünscht, mehr über dieses indisch-afrikanisch-europäische Potpourri zu erfahren.

Als Cloé mir die Adresse des Hauses nannte, wo der Kurs stattfinden sollte, hätte ich aber fast einen Rückzieher gemacht. Die Besitzerin des Noon Gun war nämlich – François' Nachbarin. Jene sittenstrenge Kapmalaiin aus Bo-Kaap also, die mei-

nen Coons damals mit ihren Beschwerden den Karneval vermasselt hatte. Wie oft musste diese Spaßbremse eigentlich
noch meinen Weg kreuzen?

„Du spinnst ja!", hatte Cloé gelacht, als ich ihr von meinen
Bedenken erzählte. „Wie kommst du darauf, dass Zainie keinen Spaß versteht? Als die jung war, war sie eine richtige
Partynudel! Jetzt lern' sie erst mal kennen! Und wenn du sie
dann immer noch doof findest, konzentrierst du dich eben
aufs Kochen."

Wir trafen Zainie vor dem Atlas. Was der Indian Spice
Market für Durban ist, ist das rosafarbene Lädchen in der
Wale Street für Kapstadt. Jede Kapmalaiin, die etwas auf sich
hält, kauft hier ihre Zutaten. Kästen mit rotem, gelbem und
braunem Masala-Pulver stapeln sich neben Tüten voll Vanille-
schoten, Anissamen und getrockneten Curry-Blättern. Es gibt
Bücher über die korrekte Vorbereitung einer Mekkareise und
Broschüren über die Pflichten einer muslimischen Ehefrau.
Im hinteren Bereich schaufeln Verkäufer unentwegt Reis und
Kichererbsenmehl in Papiertüten. Die tragen die Kunden dann
zur Theke, wo eine verschleierte Kapmalaiin den Kauf in einem vorsintflutlichen Computer dokumentiert. Anschließend
bekommt man einen Kassenzettel, mit dem man die Ware
bezahlen kann – und zwar bei einer weiteren, mit Registrier-
kasse ausgerüsteten Dame in einem Glaskasten neben der
Theke. Kurz: Das Atlas ist rettungslos umständlich. Und buchstäblich verstaubt. Doch gerade deshalb in Bo-Kaap hoch angesehen. „Hier krümelt dir keiner Maismehl ins Masala, um
es zu strecken", sollte uns Zainie später versichern. „Wenn du
zu einem dieser Eck-Inder gehst, kannst du dir ja nie sicher
sein ..."

Punkt drei hatte uns Zainie vor dem Laden mit Salaam und
Wangenkuss begrüßt. Erwartet hatte ich eine beleibte Matrone
mit Nasenwarze und Walleschleier. Doch Zainie war knaben-
haft schlank, trug Jeans, Hippiebluse und Pferdeschwanz. Und

obwohl sie nach meinen Berechnungen um die sechzig sein musste, sah sie aus wie Ende vierzig. Gemeinsam spazierten wir über das Kopfsteinpflaster von Bo-Kaap zu ihrem Haus in der Rose Street. Hier folgte die zweite Überraschung. Angesichts der bescheidenen Größe des Bungalows hatte ich mich auf eine winzige Kochnische gefasst gemacht. Doch Zainie hatte scheinbar ein paar Wände niedergerissen und der Küche fast die Hälfte des Hauses gewidmet. Das Ergebnis war ein Kochstudio mit riesigem Emaille-Herd und wunderbaren Holzschränken. Auf dem Küchentisch hatte unsere Lehrerin die wichtigsten Zutaten drapiert wie eine Malerin ihre Farben: tomaten- und paprikarotes Masala-Pulver, orange leuchtende Gelbwurz, sandfarbenen Koriander, nussbraunen Kreuzkümmel.

Wir durften an allem schnuppern. Dann begannen wir mit der Vorspeise: den für eine Kapmalay-Tafel obligatorischen Chili Bites, für die Zainie zu meiner Überraschung überhaupt kein Chili bereitgestellt hatte. „Chili spielt bei uns keine große Rolle", erklärte sie. „Die indonesischen Sklaven, von denen die meisten Rezepte stammen, haben ja für ihre holländischen Herren kochen müssen. Die mochten es nicht so scharf."

Während Cloé und ich also für die chilifreien Chili-Happen Kichererbsenmehl, Spinat, Zwiebeln, Masala und Wasser zu einer Pampe kneteten, briet Zainie schon mal Zwiebeln für das Chicken Curry an, gab Huhn, Tomaten und Kartoffeln hinzu und bestreute alles großzügig mit den Gewürzen vom Küchentisch. Dann mixte sie uns einen Milchshake mit Rosenwasser. „Das ist ein typischer Ramadan-Drink. Beim Fastenbrechen servieren wir ihn als Aperitif. Er bereitet den Magen aufs Essen vor. Trinkt ihn, bevor wir richtig loslegen."

Mich machte das sämig-süße Getränk vor allem müde und zufrieden wie ein frisch gestilltes Baby. Doch Schlappmachen galt nicht. Mit Zainies Hilfe falteten wir in den nächsten zwei Stunde mehrere Schüsseln Samoosas, kochten bergeweise mit

Safran, Rosinen und Zimt gewürzten Geel Reis und frittierten die Kichererbsen-Pampe zu gut zwei Dutzend Chili Bites. Nebenbei erzählte uns Zainie von den Festen, die sie und ihre Brüder in den 1970ern im Haus ihrer Eltern auf dem Signal Hill gefeiert hatten. Es muss eine bunte Clique gewesen sein, aus Coloureds, Xhosas und Europäern, die dem Apartheid-Regime ihr relativ freies Leben abtrotzte, indem sie seine Gesetze einfach ignorierte. Zainie hatte es sogar geschafft, als einzige Coloured in der Loop Street eine Boutique zu führen. Sie hatte sich einfach einen Deutschen mit ins Boot geholt: Wenn die Polizei den Laden kontrollierte, gab sich der Mann als Manager aus und Zainie als seine Angestellte. Zum Abschied schenkten sie den Officers dann stets ein paar Lederjacken, und die Sache hatte sich erledigt.

Auch heute lebte Zainie noch ein wildes Leben. Sie reiste viel, nach Amerika, Australien, Europa. Entwarf außer neuen Rezepten auch mal Mode. Liebte Partys und Musik. Nein, man konnte wirklich nicht behaupten, dass Zainie eine Spaßbremse war. Was war nur in sie gefahren, dass sie wegen ein bisschen Karneval so einen Rabatz gemacht hatte?

Als wir im Hof saßen und uns durch die selbst gekochten Köstlichkeiten futterten, traute ich mich, sie zu fragen: „Zainie, was hast du eigentlich gegen den Coon Carnival? Ich habe gehört, dass du dich letztes Mal bei der Stadt beschwert hast. Stimmt das?"

Zainie tupfte sich den Mund ab. „Warst du schon mal beim Karneval dabei?" – „Ich bin mitgelaufen!" – „So, so. Dann kennst du aber nur die eine Seite. Wir leben ja schon seit Jahrzehnten mit dem Thema. Sicher, es gibt anständige Truppen. Doch genauso viele werden von den Drogenbossen gesponsert. Und die bestehen fast nur aus Cape Flats Gangstern. Mein Vater ist mit uns Kindern am 2. Januar immer verreist, weil er Angst hatte, dass uns die Kerle was tun. Und selbst jetzt fürchte ich mich jedes Mal zu Tode, wenn die hier durchziehen. Was soll ich denn machen, wenn einer durchs Fenster steigt? Vergangenen Sommer hieß es dann plötzlich, dass die Truppen nicht nur durchziehen, sondern auch hier feiern wollen. Weil sie nicht ins neu gebaute Cape Town Stadium durften. Das wäre die Hölle gewesen! Also habe ich mich mit ein paar anderen beschwert. Am Ende durften nur die Truppen hier feiern, die in Bo-Kaap wohnen. Ich finde das gerecht. Du nicht?"

Ich beeilte mich zu nicken. Und machte dabei wahrscheinlich dasselbe verständnisvolle Gesicht, das ich vor neun Monaten gemacht hatte, als Shamiega von den Starlights in Karnevalskluft neben mir gesessen und gerufen hatte, wie ungerecht es doch sei, dass man ihnen den Zutritt zu Bo-Kaap verwehre: "Das ist ja wie während der Apartheid!" Empört hatte ich ihr beigepflichtet.

Jetzt wurde mir klar: Die Lage war mal wieder komplizierter. Bo-Kaap im Kleinen war anscheinend wie Südafrika im Großen: Waren mir da die Fronten anfangs nicht auch ganz klar und eindeutig erschienen? Südafrika, das war für mich immer gewesen wie ein akkurat gemixter Latte macchiato: hier Schwarz, dort Weiß. Hier Gut, dort Böse. Hier Arm, dort Reich. Doch je länger ich hier lebte, desto mehr verstrudelten sich die Schichten auf verwirrende Weise: Da waren die Kinder mancher Apartheids-Schergen plötzlich überzeugte Kämpfer für Gerechtigkeit – und manche ehemaligen Freiheitskämpfer korrupte Prasser. Da brüllte eine Township-Menge heute "Down with racism!" – und verprügelte morgen die somalische Nachbarfamilie. Da gab es gutverdienende junge Schwarze, die dieselben Filme, Bands und Klamotten liebten wie meine Hamburger Clique – und verwahrloste Weiße, die an den Ampeln von Johannesburg um ein paar Rand bettelten. Da gab es das Vertrauen in Tradition und Familie, das so vielen Kraft und Geborgenheit schenkte – und gleichzeitig Grund war für so viele Probleme und Konflikte.

"Südafrika besteht aus zwei Nationen", hatte Ex-Präsident

Thabo Mbeki noch 2004 behauptet. Die eine sei weiß und privilegiert, die andere schwarz und arm. Diese Analyse war inzwischen veraltet, fand ich. Südafrika und seine Probleme waren viel komplexer. Weshalb das Leben oft so verwirrend und anstrengend war. Aber auch spannend und voller Chancen.

Ich stieß mich von der Brüstung neben dem Leuchtturm ab. Die Sonne kitzelte im Nacken. Der Himmel war blau. Genug gegrübelt. In sechs Stunden würde ich heiraten. Ich rannte los.

Die Trauung von Max und mir gehörte zu den aufregendsten Momenten unseres Jahres am Kap. Um ein Haar fand sie nämlich nicht statt. Doch von vorn.

Erst lief alles wie geplant. Wir hatten einen Parkplatz direkt vor dem Home Affairs Office bekommen – perfekt, um später mit dem im Auto kalt gestellten Champagner anzustoßen. Wir knipsten uns kichernd vor dem „This is a gun-free zone"-Schild an der Standesamttür. Guckten einige Mal prüfend in den Autorückspiegel. Dann, die Minuten verrannen, immer öfter auf die Uhr.

Plötzlich klingelte Max' Handy. Es war Cloé.

„Wir schaffen es nicht bis drei! Auf der N1 gab's einen Unfall, wir stecken fest!"

Max wurde blass. „Wie lang braucht ihr?" – „Eine Dreiviertelstunde?" – „Verdammt! Das Office hat nur bis vier auf!" – „O mein Gott! Geht da bloß rein! Haltet sie irgendwie hin! Wir kommen so schnell es geht!!!"

Und so wurden die wartenden Bürger im Home Affairs Office zu Paarl um kurz vor drei Zeugen eines dramatischen Schauspiels: Ein Citi Golf hielt mit quietschenden Reifen vor der Tür. Ein Mann im Anzug und eine Frau im rosafarbenen Babydoll galoppierten unter dem Protest des car guards durch die Eingangshalle. Fielen dort einem anderen Mann im Anzug und einer Frau mit Hektikflecken um den Hals. Und verschwanden hinter einer Tür, über der ein ausgebleichter Mandela aus dem Rahmen lächelte. Es war das Büro der Standesbeamtin. Wir hatten es tatsächlich geschafft.

Von der Zeremonie selbst bekam ich nur nebulöse Fetzen mit: ein von Cloé mitgebrachter iPod, der Miriam Makebas „Click-Song" plärrte. Eine drahtige Beamtin, die versuchte, uns durch die detaillierte Schilderung ihres kürzlich absolvierten 216 Meter tiefen Bungee-Sprungs von der Bloukrans Bridge bei Plettenberg Bay die Nervosität zu nehmen („Ich sage Ihnen, da muss man aufgeregt sein, nicht bei so was!"). Max' vor Anspannung kalte Lippen auf meinen.

Erst als wir gegen Abend statt im Mount Nelson beim High Tea (der natürlich schon längst vorüber war) in unserer Wohnung bei Sekt und Cup Cakes standen, lichtete sich der Nebel etwas. Und mir fiel siedend heiß ein, dass wir die nervösesten Hochzeitsgäste völlig vergessen hatten: Ruth und Venetia. Wir hatten ihnen fest versprochen, nach der Trauung mit ihnen anzustoßen und uns noch vor dem Aufbruch zum Twelve Apostels von ihnen zu verabschieden. Morgen blieb keine Zeit. Ich stieg die Treppe hinunter und klingelte an der Tür.

Ruth öffnete so schnell, dass ich vermutete, sie hatte schon dahinter gewartet: „Mazel tov!", krächzte sie und strahlte mich an. Statt des Morgenmantels trug sie heute ein schwarzes Kostüm. Dahinter drängelte, ebenfalls in Festtagskleidung, Venetia. Ich schob die zwei nach oben, Max öffnete eine weitere Flasche.

Bald oszillierte die Stimmung zwischen Alkoholseligkeit und Abschiedsschmerz. Selbst Ruth, mit der wir ja eher wenig zu tun gehabt hatten, fiel uns immer wieder um den Hals und versicherte, welch liebenswerte Mieter wir gewesen seien: „Ich hoffe, ihr besucht uns, wenn ihr mal wieder nach Kapstadt kommt?" Am schwersten fiel mir der Abschied von Venetia. Vor ein paar Tagen hatte ich ihr noch mein südafrikanisches

Kochbuch vermacht. Sie hatte mir nämlich gestanden, schon jetzt Rezepte für einen Catering Service zu sammeln, den sie nach ihrer Pensionierung gründen wolle. „Ich hoffe, es bleibt bei deinen Plänen?", fragte ich jetzt, als ich sie ein letztes Mal umarmte. „Du weißt schon, das Kochen ..." Sie grinste nur und hob den knorrigen Daumen zum O.K.-Zeichen. Da drehte ich mich schnell um, sonst hätte ich geheult.

Vier Tage später standen wir dann in einer völlig anderen Kulisse: vor dem von Bergwald umgebenen Tor des Ithala Game Reserve an der Grenze zu Swasiland. Hinter uns lag ein üppiges Hochzeitsessen im Twelve Apostels – und ein harter Ritt durch die halbe Republik: Nach dem Flug nach Durban hatten wir erst einen Abstecher nach Port St. Johns an der Wild Coast gemacht. Der kleinste Hafenort Südafrikas lag an der Mündung des Umzimvubu, einem jener sandigen Ströme, die überall zwischen Port Edward und East London in den Indischen Ozean flossen. Wieder einmal war ich hingerissen von der Schönheit des Landes: Urwälder, Wasserfälle und puderfeine Sandstrände, auf denen als einzige Gäste ein paar Rinder dösten. Nie hätte ich erwartet, dass hinter den oft so übel zersiedelten Hügeln des Eastern Cape ein solches Paradies lag, das zudem noch kaum vom Tourismus erobert zu sein schien. Als ich mich mit der Besitzerin unseres B&B unterhielt, ahnte ich dann, dass das wohl auch nicht so einfach war.

Wilma, eine mütterliche Mittfünfzigerin aus Hermanus, hatte das Haus vor acht Jahren einer Hippiekommune abgekauft und sich so den Aussteigertraum jedes zweiten weißen Südafrikaners erfüllt: ein B&B an der Wild Coast! Doch jetzt wollte sie nur noch weg. Nächstes Jahr würde sie zu ihrer Tochter nach Australien ziehen, erzählte sie. „Ich finde hier einfach kein Personal. Alle schwingen nur große Reden. Ich wollte was schaffen, gemeinsam mit den Leuten hier. Jetzt bin ich nur noch müde."

Mich stieß das Gespräch mal wieder in meinen alten Gewissenskonflikt: Einerseits konnte ich das weiße Gejammer über die angebliche Trägheit der Schwarzen nicht mehr hören. Nicht nur meine politische Korrektheit rebellierte da erheblich. Mir waren auch genügend faule Weiße begegnet, um die Klagen aus rationalen Gründen dumm zu finden. Andererseits konnte ich Wilmas Frust gut verstehen. Da investierte man Zeit, Geld und Mühe – und scheiterte just am Verhalten derer, denen man eigentlich hatte helfen wollen. Wieso passierte das? Und wieso so oft?

Wenn Max und ich über das Thema diskutierten, waren wir uns meist schnell einig, dass es gar nicht so sehr die gern zitierten Mentalitätsunterschiede waren, die solche Projekte gerade im ländlichen Afrika oft kompliziert gestalteten. Klar: Mit dem westlichen Höher-Weiter-Schneller kam man hier nicht weiter. Mit widrigen Umständen arrangierte man sich hier lieber, als sie zu beseitigen. Doch das lag eben auch an der Vertracktheit der Umstände selbst: Lebensweisen, die jahrhundertelang das Fortbestehen der Clans gesichert hatten, entpuppten sich beim Zusammenprall mit der Moderne plötzlich als Quelle für Frust und Lethargie. Zum Beispiel machte es für einen jungen Mann oft gar keinen Sinn, mehr als das Nötigste zu verdienen. Sparen war sowieso nicht drin: Wer Geld verdiente, versorgte damit traditionell auch die Familie. Und die war groß. Andersherum fütterte der Clan einen auch durch, wenn man selbst keinen Finger rührte. Welches Modell würde ein cleverer Typ da wohl wählen?

Und dann gab es ja auch noch die Großstadt, die die Jungen lockte und in der so ganz andere Regeln herrschten, als die Väter predigten. Zurück blieben Dörfer, in denen vor allem Alte und Kinder lebten. Und die, die in der Stadt gescheitert waren. Wie sollte da Aufbruchstimmung entstehen?

Natürlich gab es Ausnahmen: Chiefs etwa, die sich bemühten, Moderne und Traditionen zu vereinen. Auch der Tourismus bot Chancen. Max hatte für eine Geschichte einmal die

Buffalo Ridge Safari Lodge an der Grenze zu Botswana besucht. Die erste Luxuslodge Südafrikas, die einem Dorf gehörte und von ihm bewirtschaftet wurde. 29 junge Leute hatten hier Jobs gefunden. Nach Johannesburg zog es die nicht mehr.

Am liebsten hätten wir unseren Honeymoon natürlich dort verbracht. Doch das hätte das Budget gesprengt. Mit dem Ithala Game Reserve hofften wir, eine einigermaßen korrekte Alternative gefunden zu haben. Hier hatte man zwar erst kürzlich begonnen, die vom Reservatsgebiet vertriebenen Bauern in die Parkentwicklung einzubeziehen. Beim Tier- und Naturschutz sah die Bilanz dafür toll aus. Aus einer überweideten Ödnis war in dreißig Jahren ein Paradies für Hunderte von Pflanzen und Tieren geworden.

Für Löwen leider nicht, die lebten in der Savanne. Doch das fanden wir nicht so tragisch. Im vergangenen Jahr waren uns so viele exotische Wesen über den Weg gehüpft oder geflattert, dass unser Wildlife-Hunger eigentlich fast schon gestillt war. Kurios fand ich noch immer den Seehund, der mir beim Joggen auf der Promenade vom Wegrand mit den Flossen zugeklatscht hatte. Oder die Pinguine von Simon's Town, die sich am liebsten unter parkenden Autos versteckten. Auch mit den Baboons, den Pavianen der Kap-Halbinsel, hatten wir prägende Begegnungen gehabt. Äpfel und Brote rissen einem die von Touristen verzogenen Affen nämlich gern mal aus der Hand. So dramatisch waren die Zusammenstöße vielerorts geworden, dass Stadt und Regierung ins Baboon-Management mittlerweile umgerechnet eine halbe Millionen Euro pro Jahr steckten. Das Ziel von Wächtern und Zäunen: Mensch und Tier sollten einander möglichst fernbleiben.

Der Guide, der uns an unserem letzten Abend im Jeep durch die Berge des Ithala Parks kurvte, hatte berufsbedingt natürlich genau Gegenteil im Sinn. Und er machte seinen Job gut: Giraffen, Zebras, Warzenschweine, Antilopen – alle möglichen Tiere hatten wir schon aus nächster Nähe bewundern dürfen. Nicht jedoch, und das schien den Mann gewaltig zu wurmen, den Stolz des Parks: die Elefanten. Schließlich, die Sonne war schon fast untergegangen, hielten wir am Waldrand. Hier, flüsterte er, sei auf jeden Fall mit den grauen Riesen zu rechnen. Er stellte den Motor ab. Zehn Touristen zückten die Feldstecher. Es herrschte gespannte Stille.

Doch kein Elefant kam.

Stattdessen passierte etwas viel Großartigeres. Es wurde nämlich Nacht. Gut, das war schon einige Mal vorher passiert. Doch nie hatte ich dabei mit gespitzten Sinnen mitten im Busch gesessen: Wie sich da plötzlich rings um uns ein mächtiges Wesen zu regen schien. Wie es raschelnd die Glieder streckte. Eine fruchtig-feuchte Fahne aus Laub, Erde und Tierdung ausgähnte. Und uns schließlich, ganz vertraulich, die kühle Hand auf die Schultern legte.

Die afrikanische Nacht kann einem Angst machen. Weil man sich in ihr so unbedeutend fühlt wie selten sonst auf der Welt. Doch sie ist auch einer der wenigen Momente, in denen der sonst so fremde Kontinent seine Arme öffnet und jeden darin aufnimmt. Sogar eine Weiße, die sich vor Rindern und Schwimmbädern fürchtet, weder Ahnen noch Geister versteht und selbst nach einem Jahr noch immer nicht gelernt hat, wie man die Uhren missachtet und die Zeit beherrscht.

Und dafür war ich verdammt dankbar.

Südafrikanisch für Anfänger

Lektion 12: Hauen Sie rein!

Das Beste zum Schluss: das Essen! Südafrikaner lieben Gelage. Kein Wunder, sie leben ja auch inmitten bester Zutaten und lauter Völker mit spannenden Küchen: Französisches Raffinement trifft asiatische Experimentierfreude, burische Deftigkeit afrikanische Exotik. Am besten probieren Sie alles durch: vom Streetfood-Klassiker Gatsby (Brötchen mit Fleisch, Pommes, Chili) bis zum würzigen Springbok-Pie, von Mandelas Leibspeise Umngqusho (eine Mais-Bohnen-Pampe) bis zu den edlen Austern von Knysna.

An zwei „Grundnahrungsmitteln" kommen Sie dabei nicht vorbei: Mais und Fleisch. Mais beherrscht vor allem die afrikanische Küche. Mal fermentiert als Softdrink (Mageu), mal gebraut als Bier (Umqombothi), vor allem aber gekocht zum festen Brei (Phutu/Pap). Mit dem tunkt man Fleisch und Soße auf, die Männer gern unter Einsatz der ganzen Hand, die Frauen mit den Fingern. So unbedingt gehört Phutu zum südafrikanischen Wohlbefinden, dass mancher nach einem fünfgängigen Gelage ohne Pap das Gefühl hat, noch gar nichts Rechtes gegessen zu haben. Fleisch ist ähnlich unabdingbar: etwa im Curry bei den Kapmalaien, als Biltong (Trockenfleisch) bei den Buren oder als Walkie-Talkies (Hühnerköpfe und -füße) in den Township-Suppen. Vor allem aber ist es der Star beim wohl wichtigsten gesellschaftlichen Event: dem Braai. Wenn Sie an einem solchen teilnehmen, mit Boerwors auf dem Teller, einer Flasche Castle in der Hand und den Füßen am Feuer – dann haben Sie es geschafft: Sie sind Südafrikaner. Zumindest solange das Feuer brennt.

Packen II

DER STEIN WAR ROT UND WARM. Ich hatte ihn auf dem Felsen über dem Camp gefunden, auf den ich am Morgen der Abreise geklettert war. Unter mir lag unsere Hütte, daneben stand das Auto, wo Max bereits wartete. Ich wollte den Stein als Andenken mitnehmen. Ich fand ihn wunderschön.

Wie erstaunlich vieles in den letzten Tagen: die Gummistiefel etwa, die ich in Port St. Jones aus dem Müll gezogen hatte und unbedingt mitnehmen wollte, weil auf ihnen iGoli stand, der Zulu-Name für Joburg. Oder die nach Hähnchen muffelnde King-Pie-Tüte von unserer Rast in Vryheid, die ich nach dem Verzehr meines Chicken Pie zwischen den Seiten des Reiseführers archiviert hatte. Natürlich hatte ich auch Fotos gemacht: Sonnenschirme tragende Mamas, winkende Schulkinder, Windräder – alles hatte ich dokumentiert. Nichts wollte ich vergessen. Alles mitnehmen.

Jetzt also der Stein. Ich stellte mir vor, wie ich ihn in Hamburg auf die Fensterbank legen würde. Unter ihm das grau gestrichene Holz, über ihm der graue Himmel. Warum wollte ich ihn eigentlich mitnehmen? Damit ich die Verbindung zu Südafrika halten, das Jahr hier nicht vergessen würde?

Ich dachte an François und Cloé, die uns bald besuchen wollten. An Venetia, der ich versprochen hatte, ihr regelmäßig Postkarten zu schicken. Ich dachte an die vielen Fragen, auf die ich noch keine Antwort gefunden hatte: Worüber sprach James, der San-Schamane, mit seinen Söhnen, wenn sie vor ihrer Hütte in den Drakensbergen saßen? Was würde passieren, wenn Dumisani, der schwarze Intellektuelle aus Soweto, mit François' burischer Journalisten-Mutter diskutierte? Würde in Ubies Wohnung jemals eine weiße Studentin putzen?

Ich legte den Stein zurück auf den Felsen. Dann ging ich zum Auto. Südafrika vergessen? Nein.

Es fing gerade erst an.

Vom Leben auf Vulkanen

Ein Jahr in...

Frauke Niemeyer
Ein Jahr in Rio de Janeiro
Reise in den Alltag
Band 6161
Gibt es das Leben als eine endlose Strandparty im Sonnenuntergang?
Und wenn ja, wäre das auf Dauer überhaupt auszuhalten? – Zuckerhut,
Copacabana und Ipanema – Frauke Niemeyer wagt das, wovon viele nur
träumen: ein Jahr in Rio de Janeiro.

Julica Jungehülsing
Ein Jahr in Australien
Reise in den Alltag
Band 5818
Surfen statt Radfahren: Alltag in Sydney und Abenteuer im Outback mit
den unkompliziertesten Menschen der Welt!

Anja Schönborn
Ein Jahr in Neuseeland
Reise in den Alltag
Band 5968
Anja Schönborn erzählt von traumhaften Landschaften, vom Alltag in
den Städten Wellington und Auckland, von der faszinierenden Kultur
der Maori und ihren Begegnungen mit den offensten und gelassensten
Menschen der Welt, den Kiwis.

Amelie Heinrichsdorff
Ein Jahr in Hollywood
Reise in den Alltag
Band 6193
»Im Traum und im Kino bin ich schon oft in Hollywood gewesen: mit
George Clooney im offenen Wagen den Sunset Boulevard entlanggefahren,
mit Julia Roberts und einem Cafe Latte in der Hand lässig auf Palmen
umsäumten Avenuen spaziert, an Malibus Stränden mit einem David-
Hasselhoff-Doppelgänger in die Fluten gesprungen, um schließlich Hand
in Hand mit Brad Pitt den Sonnenuntergang vom Mulholland Drive aus zu
bewundern.«

HERDER spektrum